JAHRESGABE 2016/2017

JOHANN GEORG
ZIMMER

Die Bestimmung
des
evangelischen
Geistlichen

Mit einem Kommentar
von
GUDRUN PERREY

Universitätsverlag
WINTER
Heidelberg

Bibliografische Information der Deutschen Nationalbibliothek

Die Deutsche Nationalbibliothek verzeichnet diese Publikation
in der Deutschen Nationalbibliografie;
detaillierte bibliografische Daten sind im Internet
über *http://dnb.d-nb.de* abrufbar.

UMSCHLAGBILD

Johann Georg Zimmer.
Das Porträt wurde freundlicherweise
von Familie Zimmer
zur Verfügung gestellt.

ISBN 978-3-8253-2016-4

© 2016 Universitätsverlag Winter GmbH Heidelberg
Imprimé en Allemagne · Printed in Germany
Layout: Michael Holldorf
Druck: Memminger MedienCentrum, 87700 Memmingen

Gedruckt auf umweltfreundlichem, chlorfrei gebleichtem
und alterungsbeständigem Papier.

Den Verlag erreichen Sie im Internet unter:
www.winter-verlag.de

Die Bestimmung

des

evangelischen Geistlichen.

Πιστὸς ὁ λόγος· Εἴ τις ἐπισκοπῆς ὀρέγεται,
καλοῦ ἔργου ἐπιθυμεῖ.

1. Thim. III, 1.

Heidelberg,
bey Mohr und Zimmer.
1815.

Vorrede.

———

Schüchtern und doch zugleich mit freudiger Zuversicht lasse ich diese Blätter an das Licht treten.

Ich bin kein Geistlicher, und spreche also nicht aus Amts-Erfahrung. Das wird dem Tadel, der sich vielleicht hier und da gegen meine Aeußerungen erhebt, um so mehr gerechten Schein geben. Ja mancher Edle wird vielleicht deswegen hier und da den Ton meiner Rede mißbilligen. Das macht mich schüchtern. Aber ich bin mir bewußt, daß es so seyn müsse, wenn es mit unserer Kirche besser werden soll; und darum gebe ich mit freudiger Zuversicht hin, was aus eben so arglosem Herzen als ernstem Sinn hervor gegangen ist.

Der Verfasser.

1.

Die Religion ist so alt und so weit verbreitet als das menschliche Geschlecht. Wie jeder einzelne Mensch das Bedürfniß der Religion in sich findet, so bald er zum Bewußtseyn seiner Menschheit gekommen ist, so finden wir es in der Geschichte aller Völker des Alterthums, von denen nur irgend eine Kunde auf uns gekommen ist, und so finden wir es auch bey allen Völkern, mit denen in neuern Zeiten die Entdeckungen der Reisenden uns bekannt gemacht haben. Das überirdische Element der Religion, die Idee der Gottheit, ist dem Menschen eben so nothwendig für das Leben und die Erhaltung seiner Seele, so bald er zum geistigen Daseyn erwacht, als die Luft, wenn er von der

Mutter sich getrennt hat und als Individuum sein eignes Leben lebt, für die Erhaltung seines Leibes.

2.

Wenn wir auf unsre eigne Natur und auf die Geschichte der Religionen aller Völker reflektiren, so finden wir, als den einzigen und allgemeinen Grund dieses Bedürfnisses, das Gefühl unserer Schwachheit und Abhängigkeit, und als die unmittelbare und eben so allgemeine Wirkung desselben, die Anerkennung eines überirdischen Wesens und das Bestreben, dieses Wesen sich geneigt zu machen, oder mit ihm versöhnt zu seyn. In jener Anerkennung ist dann zugleich alle dogmatische und in diesem Bestreben alle praktische Religion begründet; beyde aber sind so enge mit einander verbunden und stehen in einer so beständigen Wechselwirkung, daß man nicht sagen kann, eins sey das erste und das andere das zweyte. Wie in seinen Handlungen den Menschen die Idee der Gottheit leitet; so offenbart in der Handlung selbst wieder die Gottheit sich durch das Gewissen, so daß die Handlung Grund unserer Erkenntniß wird.

3.

In der Entwicklung, die diese beyden Momente in der Fortschreitung des Menschengeschlechts erfahren haben, bildet sich die Geschichte aller Religionen ab. Wie aber diese Zweyheit aus einer Einheit hervorgegangen, so strebt sie auch wieder dahin zurückzukehren. Denn eben jenes Streben, mit Gott versöhnt zu seyn, ist nichts anders, als das Verlangen, zur Einheit, in die Vereinigung mit Gott selbst zu kommen.

Auf zweyfachem Wege suchte die Menschheit diese Vereinigung: in der Versöhnung der Gottheit durch Opfer und in der Versöhnung durch die Gesinnung.

Auf jenem ersten Wege finden wir das ganze Heidenthum, wie es vor und nach Christo bestanden hat und noch besteht; auf dem zweyten das Christenthum, das auch in der vorchristlichen Zeit

seine Wurzeln vorzüglich in das Judenthum er-
streckt. Denn das Christenthum ist die vom Staat
abgelöste, durchaus vergeistigte, Theokratie. Liegt
freylich der Idee der Gottheit, wie die Weisen
der heydnischen Welt sie ausgebildet, eine wal-
tende Gerechtigkeit zum Grunde, so ist doch diese
Gottheit nirgends ganz frey von Willkühr. Sie
herrscht tyrannisch über die Schicksale des Menschen. Er bringt ihr Gaben (offert), um sie
sich geneigt zu machen. Im Judenthum hatten
die Opfer schon eine andere Bedeutung. Jehovah
ist ein gerechter Gott; er läßt sich nicht durch Ge-
schenke gewinnen. Aber er ist König des Volks,
und straft, als solcher, jede Uebertretung des
Gesetzes, das er dem Volke, mit dessen freyer
Zustimmung, gegeben hat. Da aber Jehovah,
der Gott Himmels und der Erden und der Her-
zenskündiger, auch die geheimsten Uebertretungen
des Gesetzes kennt, so fordert er auch für diese
die freywillige Darbringung der Strafe in dem
Opfer.

4.

Mit Christo aber erst erschien den Menschen das wahrhaftige Licht, in dessen Glanze sie Gott erkennen sollten, und mit seiner Erkenntniß erst erfuhren sie, daß nicht das Opfer, sondern die heilige Gesinnung mit Gott versöhnt. Jetzt war das Allerheiligste geöffnet, damit jeder, nach dem Beyspiele Christi, sich selbst, statt alles Opfers, in gläubigem Gehorsam der Gottheit darbrächte.

Zwey Erscheinungen hauptsächlich verkündig-ten, daß mit dem Christenthum die wahre Reli-gion, d. h. die wirkliche Vereinigung mit Gott, den Menschen geoffenbart sey. 1) Die National-Gottheiten, denen bisher die Völker unter den mannichfaltigsten Formen gedient hatten, gingen unter, und Gott selbst vereinigte in Liebe alle Völker. Wie vorher die National = Götter sich gegenseitig befeindet, so die Menschen. Das Chri-stenthum hob diese Feindschaft auf und machte alle Menschen zu Brüdern. 2) Das Fatum, das in den Religionen des Heydenthums mit furchtbarer

Gewalt, nicht nur über dem Menschen, sondern auch über seinen Göttern schwebte, dem er wohl sich unterwerfen, aber nicht vertrauen konnte, das Fatum verschwand und an seine Stelle trat eine väterlich leitende Vorsehung, der der Mensch mit kindlichem Vertrauen sich nähern durfte und die ihm in glaubiger Zuversicht die trostvolle Ueberzeugung gewährte, daß denen, die Gott lieben, alle Dinge zum Besten dienen müssen.

5.

In Christo also war nun die wahre Versöhnung der Menschen mit Gott erschienen. Sein Tod war diese Versöhnung: denn mit Gott ist nur der versöhnt, der der Erreichung des Göttlichen alles Irdische, und selbst das Leben, aufzuopfern bereit ist. Nicht theilen läßt sich das Leben. Das Göttliche kann nicht bestehen, wo das Irdische mit ihm im Widerstreit ist. Der Widerstreit muß gelöst werden, wenn auch das Irdische darüber zu Grunde geht. Wer Gott in der Erscheinung Jesu Christi erkannt hat, für den giebt es keine Wahl mehr zwischen dem Göttlichen und Irdischen. Er erblickt in dem Herrn des Lebens und des Todes den Abglanz nnd das Urbild des göttlichen Wesens, aus dem die Herrlichkeit Gottes selbst ihn umstrahlt, und zugleich das Vorbild, dessen Gestalt in sich selbst darzustellen, dem ähnlich zu werden, von dem Augenblick, wo er ihn erkannt hat, seines Herzens einziger Wunsch, einzige Sehnsucht, seines ganzen Lebens einziges Streben ist. Das Irdische für das Göttliche dahin zu geben, kann für den keine Aufopferung seyn, dem einzig nur das Göttliche einen Preis hat, und der dem Irdischen, nur in so fern es ein Abglanz und Widerschein der göttlichen Liebe ist, einen Werth beymißt.

6.

Nicht lange genügte den Menschen die einfache Lehre Jesu: Seyd vollkommen, wie Euer Vater im Himmel vollkommen ist. Die Klarheit des Evangeliums, in welcher dem Menschen von einfältigem frommem Sinn die Tiefe der Gottheit sich spiegelte, trübte der Eigensinn und die Feindseligkeit der Menschen, daß das Bild ihnen erlosch.

Aber es mußte Irrthum und Streit kommen, da=
mit die Wahrheit und die Liebe sich wieder um so
kräftiger erwiesen.

Vieles verdanken wir der Kirche, die aus dem
tausendfältigen Zwiespalt wenigstens eine äußer=
liche Gemeinschaft rettete. Was aber auf den
Geist gebaut ist, das trägt, wenn es durch die
äußerliche Gewalt der Zeit und der Menschen
auch noch so sehr gebunden wird, doch immer den
Keim der Freyheit in sich. So oft das wahre,
innere Bedürfniß der Religion rege ward, so oft
zeigte sich dieser Geist, und weil er in den engen=
den Schranken der äußerlichen Kirchengemeinschaft
keinen Raum hatte, so machte er sich los. Es
entstanden die Sekten. Die Sekten der neuern
Zeit waren ganz andern Ursprungs, als die jener
ältern, vor der gänzlichen Bildung der Hierarchie.
Jene frühern gingen größtentheils entweder aus
einseitigen philosophischen Meynungen oder aus
Eigensinn und eifersüchtiger Herrschsucht hervor;
diese neuern fast alle aus dem innern Bedürfniß
nach religiösem, erwärmendem Leben oder nach

erleuchtender Wahrheit. Daher war die Kirche in dem Kampf gegen diese nicht so glücklich, als in dem gegen jene. Denn nur das Gemeine und Schlechte kann wahrhaft besiegt werden, das Göttliche, die Wahrheit, nur auf eine Zeitlang unterdrückt. Die große Erscheinung der Reformation entzog endlich den nach Licht und Wärme ringenden Geist der Verfolgung und gab ihm sein Recht.

7.

Eigentlich waren es zwey dem Christenthum völlig fremde Prinzipien, die sich aus dem Heiden = und Judenthume in die Kirche eingeschlichen hatten, gegen welche die Reformation sich erhob, der Opferdienst und der Glaube an die Verdienstlichkeit der sogenannten guten Werke. Weil aber diese Einrichtungen auf der Meynung von der Infallibilität der Kirche durch die Tradition beruhten, so richtete sich die Reformation natürlich auch gegen diese und setzte ihr die Auctorität der Bibel entgegen. Daß sie dies mit unbedingter Strenge und Allgemeinheit that, war gut, um nicht gleich anfänglich durch Zwiespalt der Mey-

nungen das neue Gebäude der Auflösung Preis
zu geben. In dem neuen Fundamente lag wenigstens der Grund der christlichen Freyheit, der
dem sich entwickelnden Geiste, der da frey macht,
sich immer deutlicher offenbarte, indem die For-
schungen in der Schrift ihn selbst immer mehr
auf das eigentliche ursprüngliche Wesen des Christenthums nothwendig führen mußten.

8.

So hat also die Reformation ihre Anhänger
dem Urchristenthum wieder näher zu bringen gesucht. Sie hat das Opfer für unchristlich und
die guten Werke für unzulänglich zur Seligkeit
erklärt, und dringt einzig auf den Glauben oder
die Erhebung der Gesinnung zu Gott. Es soll
und kann hier nicht untersucht werden, welche
Wirkungen die Reformation hervorgebracht hat.
Sie war nothwendig. Wenn bey den Religionen
des Alterthums, die auf einen bestimmten äußerlichen Dienst gebaut waren, und durch diesen
Dienst mit der Staatsverfassung und der bürger-
lichen Sicherheit aufs engste zusammenhingen,

jede Neuerung, die auch wieder nur auf das
Aeußerliche gerichtet war, verderblich seyn und
den Untergang des Staates herbeyführen mußte:
so war dies bey dem Christenthum ganz anders.
Es richtete sich einzig und allein nur an das Innere des Menschen, an die Gesinnung, und die
Gesinnung beruht nur auf der Freyheit und
Ueberzeugung. Die Freyheit ist, wie der Tugend, so auch der Religion Wurzel, Blüthe und
Frucht. Ohne Freyheit giebt es keine Religion,
wo sie aber herrscht, da ist die wahre Freyheit.
Was der Mensch nicht mit Freyheit und Ueberzeugung als Wahrheit aufnimmt, das ist nicht
wahrhaft sein Eigenthum, das kann wohl, wenn
jeder Zweifel von ihm entfernt gehalten wird, ihn
durch Täuschung unterhaltend beschäftigen und
scheinbar beruhigen: aber es kann ihn nicht selbst
sicher stellen gegen den Zweifel, und kann ihn
nicht innerlich trösten und beglücken.

Anmerkung.

Es ist also allerdings eine große Kluft befestigt
zwischen der katholischen Kirche und den An-

hängern der Reformation, und es wird ewig vergeblich seyn, von dem jetzigen Standpunkt aus eine Vereinigung zu bewerkstelligen, und der Versuch hierzu könnte beyden Theilen nur gefährlich werden. Der einzige und sicherste Weg zu einer Vereinigung wäre die Rückkehr zur Lehre und Verfassung des Urchristenthums, wie es uns in den Schriften der Apostel geschildert wird. Und dieser Weg wäre auch allein möglich; denn kein Christ, der mit seiner Bibel bekannt ist, würde sich wohl weigern, in die Gemeinschaft der Apostel gleichsam wieder aufgenommen zu werden, aus der Quelle des Lebens unmittelbar den Durst seiner Seele zu stillen, in der alten, einfachen Verfassung des Urchristenthums das Glück der ersten christlichen Gemeinden zu theilen. Wer sich aber weigerte, der gäbe eben dadurch zu erkennen, daß es ihm nicht um Christi, sondern um seine eigne Sache zu thun ist. Man könnte vielleicht sagen, die Menschheit thut keinen Schritt zurück; aber kein Schritt, mit Freyheit gethan, ist ein Rückschritt, und wenn man auf einem falschen Wege seine Verirrung erst erkannt hat, so hat man schon einen großen Schritt vorwärts gethan.

Doch die wahre Religiosität, wenn sie aus der Freyheit sich entwickelt, wird ganz im Stillen eine Vereinigung herbeyführen, die schneller und größer und herrlicher sich offenbahren wird, als wir jetzt kaum ahnden können.

9.

Aus dieser verschiedenen Richtung nun der katholischen und reformirten (lutherischen sowohl als calvinischen) Kirche, die wir die evangelische nennen, weil sie nicht auf Tradition, sondern lediglich auf das Evangelium gegründet ist, ergiebt sich ein eben so verschiedenes Verhältniß des katholischen und des evangelischen Geistlichen.

Die Bestimmung des Geistlichen überhaupt kann ursprünglich und immer keine andere seyn,

als das Bewußtseyn von Gott in dem Menschen
zu entwickeln, zu erwärmen und zu beleben. In
den alten Religionen geschah dies vom Priester
einzig durch den Cultus, selbst in der israeliti-
schen, wo die Lehre eigentlich die Sache des Pro-
pheten war. Wie aber Christus König und
Prophet und Hoherpriester zugleich ist, so sollte
auch der christliche Priester das Prophetenamt
mit dem priesterlichen vereinigen, ja er sollte vor-
zugsweise Prophet seyn, denn ein Priester war
nach der Ansicht der Apostel jeder Christ. Ein
Prophet aber ist der, welcher durchdrungen von
der göttlichen Wahrheit, aus begeistertem Herzen
dem Volke das ewige Wort verkündigt: daß nur
bey Gott Heil, und außer ihm das Verderben
sey. Die katholische Kirche aber hob unvermerkt
das Priesterliche wieder hervor, und machte es
zur Hauptsache. Der katholische Geistliche ist
eigentlich blos Priester, und in Absicht auf seine
Bestimmung und seinen Beruf kommt seine Persönlichkeit sehr wenig in Betracht. Das Opfer,
das der Priester bringt, ist vollkommen, wenn
es in der bestimmten Form gebracht wird. Nicht

auf seiner persönlichen Andacht und Begeisterung
kann die Wirkung desselben beruhen; so wenig
das, was er im Leben ist, ihm als geweyhtem
Priester schaden kann.

Ganz anders ist es in der evangelischen Kirche. Hier ist in der That fast alle Wirksamkeit
von der Persönlichkeit des Geistlichen abhängig,
eben weil die Form nichts, sondern alles nur der
Geist wirket. Nur der von Gott Begeisterte kann
zu wahrhafter Erbauung das Wort Gottes verkündigen; also nur mit Prophetengabe vermag
der evangelische Geistliche in der That etwas zu
wirken: er hat kein anderes Mittel.

10.

Jemehr nun aber alle Wirksamkeit des evangelischen Geistlichen auf seine Persönlichkeit vorzüglich beschränkt ist, desto mehr ist der jedesma-
lige Zustand der Kirche von der Beschaffenheit
der Geistlichen abhängig. Wenn wir daher über
den Verfall der Kirche die gerechtesten Klagen
erheben müssen, so ist gewiß dieser Verfall zum

großen Theil die Schuld der Geistlichen, und
was man zur Verbesserung der Kirche vorschlagen
mag: es wird nichts ohne würdige Geistliche zum
gewünschten Ziele führen.

Zwar gehört der Geistliche seinem Volk an,
und dieses entsteht und lebt in der Zeit. Wie
das Volk, in die Zeit wirkend und von ihr bewegt, weder die Schuld seines Verfalls, noch
das Verdienst seiner Erhebung, allein trägt: so
auch ist der entgeistlichte Pfarrer nicht allein
durch sich selbst verdorben· Von religiösem Leben
umgeben und gehoben, wäre es ihm unmöglich
gewesen, so alles heiligen Geistes verlustig zu
gehen; in eine von den gemeinsten Kräften wild
bewegte und blos nach dem Gemeinen hinstre-
bende Zeit geworfen, konnte er ohne göttliche
Kraft sich nicht schützen gegen das Verderben.

Darin aber lag hauptsächlich das Verderben,
daß unsere Pfarrer — und das ist ihre Schuld!
— nach und nach sich selbst alles Göttlichen be-
gaben, daß die Pastoral-Klugheit die göttliche

Weisheit verdrängt hatte. Man hatte sich der göttlichen Weisheit entwöhnt, weil man mit weltlicher Klugheit in der weltklugen Zeit besser auszukommen glaubte. Daher verstummte die göttliche Stimme in ihnen. Dem Bedrängten, der bey dem göttlichen Orakel Gewißheit und Beruhigung suchte, konnten sie nichts erwiedern, als was auf dem Markte und in den Clubbs gemeines Gut geworden war. Der Prophet war zum gemeinen Redner geworden, der allenfalls Leidenschaften in Bewegung zu setzen verstand, wo er mit göttlicher Klarheit und Ruhe den Sturm beschwichtigen sollte. Mit allem beschäftigte sich der Pfarrer, nur das göttliche Wort war ihm fremd geworden. Als sie Gott und die göttliche Weyhe verloren hatten, da mußte natürlich auch das Ansehen sinken, und so endlich fast alle geistliche Wirksamkeit für sie aufhören.

11.

Und das ist der Punkt, von dem wir ausgehen müssen. Wenn eine göttliche Frucht rei-

fen soll, so dürfen wir nicht irdischen Saamen
säen. Zum Werke, das Euch angewiesen ist,
müßt Ihr zurückkehren; das Weltliche dahinten
lassen und trachten nach dem, das droben ist.
Und Gott wird dem Geiste, der ihn sucht, sich
offenbahren, und er wird Euch sagen, was ihr
reden und thun sollt, damit sein Werk gefördert
werde.

Darum aber wende ich mich nicht an die
Großen der Erde, nicht an die Fürsten und
Obrigkeiten. Ihnen mögen kluge und erfahrene
Männer sagen, was von ihnen geschehen müsse,
daß das Reich Christi gefördert werde auf Erden. An Euch wende ich mich, die ihr berufen
seyd, die Heerde Christi zu weiden; und besonders an Euch, die ihr aus Irthum nicht die
rechte Weide für sie gesucht, so daß sie Eure
Stimme nicht mehr hört und sich zerstreuet hat;
und an Euch, ihr Jünglinge, die Ihr Euch
vorbereitet habt zum Dienst des Herrn und jetzt
noch harret, daß er Euch eine Stelle anweise
zur Arbeit. O, ihr seyd zu einer großen, wich-

tigen Zeit berufen. Die Erndte ist groß und
wenige sind der rechten Arbeiter. Preiset Gott,
daß er Euch in diese Zeit gesandt. Der Boden
ist herrlich zubereitet, durch Noth und Jammer
wie durch Rettung und Jubel, er ist gedüngt
mit dem edelsten Blute und mit Thränen des
Schmerzes und der Freude gewässert. Gott hat
das Feld bereitet durch die Wunder seiner All-
macht und seiner Gnade. Streut Ihr den Samen: Er wird Gedeyhen geben.

Daran aber sollt Ihr erkennen, ob Ihr in
der That Berufene des Herrn seyd, wenn auch
wirklich die Stimme Gottes in dieser Zeit zu
Euch spricht. Denn wollet Ihr jetzt kalt und
ohne Erhebung des Geistes und Herzens nur das
alte gewohnte Tagewerk verrichten, fühlt Ihr nicht
zu einer neuen großen Wirksamkeit Euch ange-
trieben: dann ist Euer Ruf nicht ächt, Eure
Kundschaft ist nicht vom Herrn. Die Welt hat
Euch gewählt. Nicht Gottes, sondern Eure Sache suchet Ihr. Und Ihr wolltet Gott versuchen?
Hütet Euch! daß es Euch nicht ergehe, wie jenem falschen Ananias.

12.

Das also ist die erste und heiligste Forderung, die die evangelische Kirche, besonders in dieser Zeit, an ihre Geistlichen machen muß, daß sie, voll von dem hohen Gefühl ihres Berufes, ihr Leben ganz dem Dienste des Herrn zu weyhen, freudig entschlossen sind. Wenn aber auch die Freude an edler Wirksamkeit und die Begeiste= rung für den Beruf unter den Geistlichen noch nicht in dem Grade erloschen ist, als z. B. unter den weltlichen Beamten, bey denen man gerade jetzt wohl am allerwenigsten Enthusiasmus für den Staat findet: so ist doch leider jene Freude und Begeisterung sehr selten geworden, was sich am deutlichsten zu erkennen giebt, durch die Scheu vor jeder Aufopferung und durch das Jagen nach reichen Besoldungen. Wie der Leichtsinn, mit dem heutiges Tages ein Geistlicher um einiger hundert Gulden willen eine Gemeinde verläßt, von dem Mangel an aller würdigen Erkenntniß seines Berufs das furchtbarste Zeugniß giebt, so ist er gerade die Hauptursache des kirchlichen Ver=

als. Der Mann, der ein Amt antritt, oft schon mit dem Gedanken, es nach wenigen Jahren, wenn sein Dienstalter ihm größere Ansprüche giebt, wieder mit einem einträglichern zu vertauschen, dieser Mann kann unmöglich mit treuem Eifer und in apostolischem Geiste arbeiten. Denn wo dies geschieht, da kann es an vielfältigem Segen nicht fehlen. Wer aber nun in seiner Gemeinde des geistlichen Segens viel gewirkt hat, wer es sieht, wie durch ihn das Alter wieder dem Geiste Christi gewonnen oder in demselben befestigt, wie in der Jugend dieser Geist erweckt und lebendig gemacht worden, und wer dabey die Gnade erfährt, daß ihm aus diesem Segen die Liebe der Gemeinde erwächst: wie könnte der ein solches herrliches Werk, eine solche Erndte der edelsten Saaten verlassen und aufgeben?

Zur Abhülfe dieses Verderbens kann freylich der Staat viel beytragen, durch eine allgemeine Einrichtung, die, indem sie auf der einen Seite das Eigenthum der Kirche heilig hält, auf der andern die einzelnen unverhältnißmäßig hohen

Befoldungen nicht nur zur gleichmäßigen Verbeſſerung aller, ſondern auch und hauptſächlich zur
ſteigenden Verbeſſerung der Individuen, nach
Würdigkeit und Alter, verwendet. Bloße äußerliche Verbeſſerung ſollte nie für einen Grund
gelten dürfen für einen Geiſtlichen, ſeine Gemeinde
zu verlaſſen, dies iſt eine Entweyhung und Ver-
letzung des heiligen Bandes, zwiſchen dem Geiſtlichen und der Gemeinde, dem einzigen, das blos
durch den Geiſt, ganz allein durch die Beziehung
auf das Ewige, ohne alle weltliche Abſicht, ge-
knüpft wird.

Doch wir laſſen uns von dem einzigen Zweck
der Kirche mit den Geiſtlichen, nämlich Verbreitung des Reiches Gottes auf Erden, durch die
Unvollkommenheiten der weltlichen Einrichtungen,
nicht abſchrecken. Wünſchen darf jeder Menſch,
ſo viel der irdiſchen Güther zu beſitzen, daß dieſe
nicht bloß nothdürftig ſein Leben erhalten, ſondern auch, bey mäßigen Anſprüchen, erfreuen
mögen. Aber der Ruf zur Verbreitung des Reiches Gottes muß ſtärker ſeyn, als daß die Ent-

behrung der Bequemlichkeiten des Lebens ihn
schwächen und stöhren könnte. An diesem Ruf und
der Freudigkeit ihn zu erfüllen, muß alle irdische
Reizung zu nichte werden. Wer diese Freudigkeit gekostet, der hält treu an dem ergriffenen
Werk und läßt sich nicht durch Vorspiegelungen
des Verstandes zum Verlassen desselben verführen,
der ihm etwa sagt, es sey einerley, wo er für
den Herrn arbeite. Die Freude am Werk macht
wahrhaft treu und die Treue allein bringt Segen
und Gedeyhen.

13.

Dem Geistlichen, der aus göttlichem Rufe und
mit dem Zeugniß desselben, mit Freudigkeit des Geistes, seinem Amte lebt, also gewissenhaft dasselbe
verwaltet, dem ist mit jenem Rufe zugleich die
Aufgabe zur Arbeit für sein ganzes Leben gegeben.

Es ist in der Natur der Sache gegründet, daß der Geistliche nicht, wie die meisten andern Beamten, mit Arbeiten belastet ist.
Er genießt einer schönen freyen Muße, auch mit
deswegen, damit er einen Theil derselben zu

edler Wirksamkeit in seiner Gemeinde benutze.
Diese edle kostbare Zeit wird nun leider von einem
großen Theil unserer Geistlichen auf eine sehr ge-
wissenlose Weise gemißbraucht. Der gemeinste
Theil bringt sie in fauler Unthätigkeit oder gar
zuweilen, zum größten Aergerniß der Gemeinde,
in unedlen Vergnügungen hin; so daß diese Muße,
die Mittel zur Belebung, Stärkung und Erhebung seines Geistes seyn sollte, gerade das Gegentheil wird, und ihn trübt und verfinstert und
tödtet. Einen andern Theil führt die Neigung, oder
auch wohl das leider durch die Staatseinrichtun-
gen herbeygeführte Bedürfniß, zur Landwirthschaft.
Mancher ist wohl schon auf diese Weise seiner
Gemeinde in der Beförderung ihrer leiblichen
Wohlfahrt durch seine erlangten Kenntnisse sehr
nützlich geworden, aber leider immer nur auf
Kosten der geistlichen Güther, welche er auszu-
spenden angewiesen ist. Denn niemand glaube,
daß beydes je sich mit einander vereinigen lasse.
Es ist eine allzu große Kluft befestigt zwischen dem
Treiben und der Sorge für den Leib und dem
heiligen Streben des Geistes nach göttlicher Er-

kenntniß, von dem der Geistliche erfüllt seyn
muß, als daß er ohne Nachtheil beydes mit einander verbinden könnte. Eine dritte Classe endlich nimmt, um der Langeweile zu entgehen, zu
der ungeordnetesten, verworrensten Lektüre ihre
Zuflucht. Die schlechtesten Lesebibliotheken werden
von ihnen im Abonnement, der Nummer nach,
durchgelesen, und es ist ein Jammer im Hause,
wenn die Journalmappe an dem Bothentag nicht
gehörig gefüllt oder gar nicht ankommt. Ein
besserer Theil, der eine anständigere Beschäftigung
für seinen Geist sucht, treibt demohngeachtet sich
nur in Liebhabereyen herum. Der eine treibt
z. B. Geographie, ein anderer Chemie, ein drit-
ter Geneologie, oder sonst einen ganz speciellen
Zweig irgend einer Wissenschaft, mit einem Eifer
und einem Ernst, als wenn es für ihn nichts
wichtigeres und angelegentlicheres auf der ganzen
Welt zu thun gäbe.

Wir sind weit entfernt, behaupten zu wollen,
der Geistliche müsse alle Gegenstände des menschlichen Wissens, die nicht unmittelbar zu seinem

Fache gehören, von seinem Studium ausschließen.
Im Gegentheil sind wir überzeugt, daß es fast
keinen Gegenstand der menschlichen Forschung geben kann, der ihm nicht zur Erweckung und Erhebung seines Geistes dienen könne. Aber darin
liegt es eben. Alles, was der Geistliche treibt,
soll er nur in Beziehung auf den einen hohen
Zweck, wozu er berufen ist, treiben, und wenn
er dieses Zwecks und des Geistes der Religion voll
ist, so werden in allen Zweigen des Wissens sich
ihm Beziehungen darbieten. Die Geschichte schlägt
ihm ihr ernstes Buch auf, und da erkennt er auf
jedem Blatte den großen Gang der ewigen Vorsehung, die wägende Gerechtigkeit, die versöh-
nende Liebe und den Triumph der göttlichen
Weisheit in der Führung der Völker. Die Philosophie erschließt ihm die Werkstätte des Geistes
in seinen mannichfaltigsten Gestaltungen, in ihrer
Geschichte erschaut er den heiligen Ernst großer
Menschen, des Lebens Bedeutung, das Wesen
der Dinge und des Geistes Urquell zu erforschen,
und er erkennt mit jauchzendem Herzen, daß das
Eine, was Noth ist, überall allein die großen

menschlichen Geister bewegt und überall allein sie
beruhigt habe. Die Philologie öffnet ihm das
Leben des Alterthums, daß er an den großen Erscheinungen der Vorwelt sein Herz erquicke, und
überall den Herrn preise, der zu keiner Zeit sein
Licht den Menschen entzogen hat.

Sein Hauptstudium aber sey und bleibe immer der unmittelbare Gegenstand seines Berufs,
ganz vorzüglich aber die Bibel. In ihr, dem
Buch aller Bücher, ist für die eifrigste Forschung
des Stoffes so viel niedergelegt, daß ein langes
und thätiges Leben niemals damit zu Ende kommen wird. Hat er durch ernste und anhaltende
Beschäftigung mit dem Göttlichen einmal den
Schlüssel zu ihrem wahren Verständniß gefunden,
dann wird es für ihn kein tieferes und zugleich
kein fruchtbareres und erquicklicheres Studium
geben. Der freylich verkennt den Segen des Bi-
belstudiums, der dabey nur das im Auge hat, wie
diese oder jene Stelle sich schicklich in einer Predigt
oder dergl. benutzen lasse. Alles wahre Studium
hat einen viel höhern Zweck, als den der unmit-

telbaren Anwendung, und so soll besonders das
Studium der Bibel unsere Erkenntniß der göttlichen Wahrheiten vermehren und erhellen, unsern
Geist befruchten, unser Gemüth erheben. Erreichen wir bey unserm Studium diesen Zweck, dann
sind damit nicht nur jene Absichten zugleich mit
erreicht, sondern wir haben auch die Bedeutung
des Lebens immer deutlicher erkannt und uns in
der Freudigkeit für unsern Beruf gestärkt.

14.

Wem in seinen ernsten und stillen Forschun-
gen der Geist der Religion sich kund gegeben und
wer ihn ergriffen und lebendig aufgenommen hat,
der wird in sich eine solche Festigkeit und Zuversicht gewinnen, daß ihn bey der Anwendung seiner
Erkenntnisse der Zweifel nicht mehr beunruhigen
kann, wie er diese und jene Religions-Wahrheit
aufzufassen und vorzutragen habe, um weder gegen seine Ueberzeugung zu reden, noch auch he-
terodox zu erscheinen.

Dieser Zweifel mag freylich oft bey gutem Willen alle Bemühung fruchtlos machen. Es ist nicht möglich, daß der durch seine Rede Ueberzeugung erwecken kann, dem es entweder selbst an dieser Ueberzeugung fehlt, oder dem man die Bemühung ansieht, die Lehren der Bibel nothdürftig mit seinen Ueberzeugungen in Uebereinstimmung zu bringen. Ach leider achten es manche unserer eleganten Kanzelredner für das höchste Verdienst und für den größten Triumph ihres Geistes, wenn es ihnen gelingt, vor klugen Weltleuten die heiligen Wahrheiten des Christenthums zu rechtfertigen oder gleichsam zu entschuldigen; statt demüthig sich zu unterwerfen dem heiligen hehren Geiste, der in der Schrift wandelt und weht, und mit einem Ernste und einer Demuth, die wir nur in den besten Stunden zu ahnden vermögend sind, heilige Wahrheiten sucht und ausspricht, diesen Aussprüchen mit kindlichem und frommem, aber ernstem und klarem Sinn sich hinzuneigen, um sie im innersten Grunde des Geistes zu vernehmen, und wenn sie sie nicht vernehmen, nicht jene, sondern sich selbst anzuklagen, und sich niederzuwerfen und Gott mit Demuth anzuflehen, daß er ihnen das Verständniß öffne.

Das Talent, die Urkunden der Religion zu verstehen, ist aber allein die Religion selbst. Ihr Licht allein erhellet dem innern Auge die Pfade und Gänge, die dem Unerleuchteten in Nacht verhüllt sind, und in denen er ungewiß und zweifelhaft umher irrt. Dieses Licht der Religion aber offenbart sich nur dem demüthigen, aber ernstlich und emsig forschenden Sinn, dem Hochmüthigen, wie dem Trägen, bleibt es ewig verborgen. Wer mit treuem Ernst in der Schrift forscht, und ihre Stimme rein in sein Inneres ertönen läßt, der wird alsbald, erst schwach und dann immer stärker, eine Antwort vernehmen. Er wird sich, so zu sagen, in einen Rapport mit dem Geiste, der in dem Buchstaben schlummert, versetzt sehen, und, wie der Magnetisirer, die Stimme der Scheinbar-Todten vernehmen, die ihm vertraut ihr Inneres aufschließt. Und hat sie einmal ihr wahres Leben ihm offenbart, ist ihr Licht eigentlich ihm aufgegangen, dann treten alle Gegenstände klarer und deutlicher in seinem Geist hervor, er sieht wunderbar die Finsterniß erhellt, und das Todte in bedeutungsvollem Leben sich bewegen.

Ist so durch den Geist der Religion das Verständniß der Schrift dir geöffnet, dann wird es dir nicht mehr zweifelhaft seyn, wie du die biblischen Lehren mit deiner Ueberzeugung vereinigen, wie du mit Ueberzeugungstreue die Wahrheiten der Religion verkündigen sollst.

15.

Wenn nun der Geistliche, geleitet durch den heiligen Geist der Religion, die Wahrheiten des Christenthums in sich befestigt hat, dann fordert sein Amt ihn auf, diese Wahrheiten wie durch das Leben so durch die Lehre zu verkündigen. Die Hauptzweige seiner Amtsverwaltung als Lehrer sind: 1) die Predigt, 2) der Religionsunterricht.

Es fragt sich hier:

> a) was?
>
> b) wie gepredigt werden soll?

a) Nur über solche Gegenstände sollte gepredigt werden, die eine unmittelbare Beziehung
auf die höchste Angelegenheit des Menschen haben, nämlich auf sein Verhältniß zu Gott. Es
giebt sonst keinen der Kanzel würdigen Gegenstand, und wer Dinge dahin zieht, die nur das
irdische Wohl des Menschen, ohne jene Beziehung, betreffen, der entheiligt den Ort und verfehlt die wahre und einzige Absicht der Predigt,
Erweckung eines heiligen Sinnes, denn dies allein darf und muß der Zweck der Predigt, wie
des ganzen Gottesdienstes, seyn.

Es ist sonst viel gesprochen worden über
den Vorzug moralischer vor dogmatischen Predigten. Die ersten, meynte man, würden lieber
gehört, leichter verstanden, und seyen nutzbarer
fürs Leben. Es kommt bey Beurtheilung dieses
Gegenstandes darauf an, welches Prinzip einer

sogenannten moralischen Predigt zum Grunde
liegt. Versteht man nämlich darunter die Entwicklung eines moralischen Satzes aus Vernunft-
Prinzipien, wobey man biblische Stellen nur ge-
legentlich anführt, weil sie doch nicht fehlen dürfen, so ist dies eigentlich keine Predigt, sondern
eine philosophische Abhandlung, und diese gehört
ja nicht auf die Kanzel. Meynt man hingegen
damit die Erläuterung irgend einer christlichen
Sittenlehre, indem man dieselbe etwa durch die
Auctorität der Schrift, und hauptsächlich durch
ihre große Nutzbarkeit in den Folgen, geltend
macht und anempfiehlt, so darf man gewiß seyn,
ohne alle wahre Erbauung, und eben darum auch
ohne alle Wirkung, zu predigen. Ist aber das
Prinzip der aufgestellten Sittenlehre, wie es seyn
muß, die Religion selbst, dann hört jener einge-
bildete Unterschied fast gänzlich auf. Seyd vollkommen, wie Euer Vater im Himmel vollkommen ist; ihr sollt heilig seyn, denn ich bin heilig:
dies ist die einzige Basis aller christlichen Moral,
und allein von diesem Standpunkt aus kann der
Prediger die Pflichten behandeln.

Wie aus unserm Bewußtseyn von Gott der Glaube an einen Heiligen und Gerechten, an einen Ewigen und Allmächtigen sich entwickelt, so daß aus diesem Bewußtseyn, also aus dem Menschen selbst, wie aus einem von Gott tief in sein Wesen gelegten Saamenkorn, der subjektive Glaube erwächst; so spiegelt sich hinwiederum in dem vollendeten majestätischen Bilde der Gottheit der Mensch, so daß er selbst erst wieder in diesem Bilde erkennt, was er ist und was er seyn soll. Indem nun der Prediger, an jenes Bewußtseyn anknüpfend, die Idee der Gottheit zu gestalten sucht und sie zuletzt in der Vereinigung des Höchsten, was der Mensch zu denken vermag, vollendet, predigt er dogmatisch; und indem er dieses Bild im Glanze der Majestät vor die Seele des Zuhörers hintreten läßt, daß er in dieser Hoheit erkenne seine Niedrigkeit und seine Schwäche, und dadurch zur Demuth geführt werde, und daß er erkenne die Liebe und durch sie sich stärke in der Hoffnung, und erkenne die Heiligkeit und Gerechtigkeit und zu ihr sich erhebe — dann predigt er moralisch.

Glaubt ja nicht, daß es irgend einem Menschen wichtiger oder angenehmer oder heilsamer
sey, weitläuftig über diese oder jene Pflicht be-
lehrt zu werden, als über sein Verhältniß zu
Gott sich aufzuklären, in das, was unbewußt
die Quelle all seines Elendes und seiner Unzu-
friedenheit ausmacht, mit dem Auge seines Geistes einzudringen, und sich Licht zu verschaffen.
Eben so gewiß aber auch ist jede Gemeinde, auch
die roheste, zum Verstehen jeder Religionswahr-
heit geschickt, wenn sie ihr gehörig vorgetragen
wird. Christus hat ja sein ewiges Evangelium
nicht für die Gelehrten verkündigt; die Apostel
haben ja nicht blos den sogenannten Gebildeten
gepredigt. Selig sind, die geistlich arm sind,
sagt Christus, denn das Himmelreich ist ihr.
Nicht der Geringste soll von der Heilsverkündi-
gung ausgeschlossen seyn. Und Ihr wolltet dem
Armen das Wort des Lebens vorenthalten? Aus
dem Strom des ewigen Lebens sollte er nicht
trinken, sondern Ihr wolltet ihn nur mit den
abgeleiteten trüben Bächen Eurer Weisheit trän-
ken, die seinen Durst nicht stillen, ihn nicht er-

frischen? O, wie jammert einen des armen Volks,
wenn man oft aus einer der herrlichsten Reden
Jesu, die, ohne alle Erklärung, nur mit dem
einfachen Ton der Wahrheit vorgetragen, schon
das Herz erquickt, blos eine erbärmliche Klug=
heitslehre abstrahiren hört. Moralische Schwätzer
könnt Ihr wohl auf diese Art bilden, keine reli=
giösen und keine gottseligen Menschen.

16.

b) Wie gepredigt werden soll?

Hier vermag der Glaube alles; nichts die
Kunst und die Klugheit. Mit dem Glauben wer=
det Ihr Berge versetzen. Der aber sollte keine
Kanzel betreten, der nicht sich bewußt ist, der
Gemeinde etwas geistlicher Gaben mittheilen zu
können, sie im Glauben zu stärken; und der ver=
läßt sie nie ohne Segen, der aus glaubigem Her=
zen redet. Weil aber der Glaube sich erst im Leben
stärkt und ohne innere Gemüths-Erfahrung kei=
nen sichern Grund hat, so sollten Jünglinge nicht

zu früh die Kanzel betreten. Denn das Predigen, ohne innern Beruf und äußern Segen, verdirbt den Menschen und macht ihn zum Schwätzer. Daher bieten unsre jungen Leute so häufig zwey gleich traurige Erscheinungen dar. Sind sie, auf dem Standpunkt außerhalb des Glaubens, ohne besonderes Talent, so bemächtigt sich ihrer gar bald der elendeste Handwerksgeist, der schlechter= dings an das Aeußerliche und ganz Gemeine ge= bunden ist und gar keine innere Erhebung zuläßt. Wer von diesem Geist der Finsterniß und des Todes einmal ergriffen ist, für den ist oft auf im= mer alle Freude an seinem Beruf dahin und er ist zum elendesten Taglöhnersdienst verdammt und erndet Taglöhners Lohn. Der Jüngling dagegen von ausgezeichnetem Talent, wenn er ohne die gehörige Reife des Geistes und ehe der Glaube, der erst dem Talent die wahre Richtung geben muß, in ihm lebendig geworden und erstarkt ist, die Kanzel betritt, ist in Gefahr ein Schauspieler zu werden und mit dem Heiligen Koketterie zu treiben. Das ist ganz natürlich. Denn der Mensch, der bey seiner Arbeit nicht ganz allein

an das Brod denkt, das sie einbringen soll, will
doch einige geistige Wirkung davon erfahren, und
da muß der Effekt ersetzen, was an innerer Wahrheit und Gediegenheit abgeht.

Populär muß der Vortrag von der Kanzel
seyn. Aber was ist Popularität? Sie ist die
Kunst, aus eignem klarem Geiste und gründlicher
Einsicht und wahrhaftem Gefühl, die Einsicht
des Zuhörers zu erhellen und sein Gefühl zum
Bewußtseyn zu rufen. Claudius sagt irgendwo,
und er versteht es, man muß dem Menschen sagen, was er denkt und fühlt.
Wer das recht kann, der ist populär. Aber zu
dieser Popularität gehört nicht etwa nur eine
oberflächliche Bekanntschaft mit der Sache, sondern gerade die gründlichste Erkenntniß und leben-
digste Einsicht.

Kann auch die Frage seyn, ob der Prediger
in einer gemeinen oder edeln Sprache reden soll?
Wenn er von dem Höchsten, wornach der Mensch
fragen kann, redet, wie könnte er denn anders,

als in einer edeln Sprache reden? Aber darunter
verstehen wir natürlich nicht unverständliche hyper-
poetische Phrasen, hinter welche Mancher dunkle
Gedanken hüllt. Denn die Sprache soll ja den
Gedanken darstellen, und dies geschieht nur durch
erhellende Klarheit und frische Lebendigkeit. Man
glaube auch nicht, daß der gemeine Mann eine
edlere Sprache nicht verstünde. Er versteht sie,
wenn sie der Sache angemessen ist, an die er selbst
nicht ohne Erhebung des Gemüths denken kann.
Deine Sprache sey biblisch, und du darfst gewiß
seyn, nicht gemein und nicht unverständlich zu
reden.

17.

Es hängt von der Geistes-Gewandtheit und
von der Fertigkeit des Predigers ab, wie weit er
seine Vorträge auf dem Papiere ausarbeiten soll;
aber ohne gründliche Vorbereitung sollte keiner,
außerordentliche Fälle abgerechnet, die Kanzel betreten. Bey Vielen, die dies unterlassen, ist es
eine offenbare Entheiligung des Tempels, sey es,

daß es aus Leichtsinn oder aus einem unziemlichen
Streben nach Virtuosität geschieht; Andere, die
der Vorbereitung nicht zu bedürfen glauben,
täuschen sich selbst, und sie dürften nur ernstlich einmal von der gewohnten Weise abgehen,
um zu erfahren, daß sie ihrer Gemeinde Vieles besser und gründlicher sagen könnten, als
es gewöhnlich geschieht. Ich kenne freylich Prediger, die, ganz in ihrer Gemeinde lebend, oft
fast ohne alle Vorbereitung gut und erbaulich
reden; sie aber würden bey zweckmäßiger Vorbereitung nicht blos von augenblicklicher Stimmung abhängen, die doch auch öfters versagen
kann.

Wenn der Geistliche recht wie er soll seinem
Amte lebt und, wie sein eignes geistiges Bedürfniß, so das seiner Gemeinde immer vor Augen hat,
so wird die Wahl der Gegenstände für seine Vorträge nie ganz dem Zufall unterworfen seyn. Was
ihn selbst, entweder durch eigne Veranlassungen
im Leben oder durch eine besondere Richtung seines
Nachdenkens, gerade am meisten innerlich beschäf-

tigt, oder was etwa gerade in seiner Gemeinde eine besondere Gelegenheit zur Betrachtung darbietet, das wird immer vorzüglich der Gegenstand seiner Predigten seyn. Wie fruchtbar und erwecklich, für Religiosität und Volksthümlichkeit zugleich, die großen Begebenheiten unsrer Tage von vielen Geistlichen benutzt worden sind, davon liegen manche schöne Beweise vor uns, und die Wirkungen, die dergleichen Reden hervorgebracht haben, werden von selbst aufmuntern, die großen Angelegenheiten der Welt und insbesondere des Vaterlandes, recht oft auf gleiche Weise, zur Förderung der Religiosität wie der Vaterlandsliebe, zu benutzen. Nur sollte man, wozu ja der Gang menschlicher Dinge ohnehin Gelegenheit genug giebt, weniger aus allem diesem glänzende Hoffnungen für das Irdische erwecken, als auch durch sie gerade den Unbestand und die Unsicherheit und Unzulänglichkeit dieses Irdischen immer vor Augen stellen. Nicht trübsinnig zwar soll der Christ die Dinge dieser Welt betrachten und das Leben nicht als eine Last und als eine Bürde, die er mühsam seine Tage hindurch zu tragen angewiesen ist, so

daß er, durch den Tod von dieser Last befreyt, erst
nach demselben seine Seligkeit erwarten darf.
Nein! heiter erscheine ihm das Leben, in der
Fülle und im Reichthum der mannichfaltigen
Gaben Gottes, und in seiner Herrlichkeit eben
offenbahre sich ihm die Herrlichkeit des zukünftigen
Lebens. Darum aber soll er auch suchen, was
in dieser wie in jener Welt ihn einzig beglücken
kann, das Unveränderliche und Ewige, das wie
ein göttlicher Strahl, wie jene Feuersäule der
Israeliten, auf seiner Bahn vor ihm her-
zieht und ihn in das Land der Verheißung geleitet.

Wenn nun der Geistliche bey seinen Vorträgen
sich immer entweder von der jedesmaligen Richtung seines Geistes, oder von dem erkannten
Bedürfniß seiner Gemeinde leiten läßt, so wird
seine Arbeit dabey immer an Gründlichkeit und
sein Vortrag an Wärme gewinnen, und für
sich selbst hat er den unzuberechnenden moralischen Vortheil, nicht unnatürlich und gewalt-
sam sich in eine für seinen Gemüthszustand nicht

passende Stimmung verseßen zu müssen, und so
wird sein Charakter sich immer mehr zur Wahrheit und Gediegenheit ausbilden. Wahrheit
überhaupt ist das erste und hauptsächlichste Erfor-
derniß einer tüchtigen und erbaulichen Predigt.
Wer durch halbwahre Gründe und erkünstelte
Gefühle seine Zuhörer irgend etwas überreden
will, der macht die Kanzel zur Marktschreyer-
bühne. Nur die Wahrheit darf hier gelten.
Die Wahrheit nur hat die Kraft der Ueberzeugung, nicht die Lüge, die die Gestalt der Wahrheit affektirt. Aus diesem Grunde darf auch der
Prediger nie einer Stelle einen andern Sinn
unterlegen, als sie in der That im Zusammen-
hang hat. Wer das thut, der treibt eine unziem-
liche Taschenspielerey mit dem heiligen Wort Gottes. Ist dagegen in der Lutherischen Uebersetzung
der Sinn des Originals einmal so sehr verfehlt,
daß er ohne Anstoß sich nicht schicklich durch Erläuterung der Lutherischen Worte daraus entwik-
keln läßt, so wähle er lieber eine solche Stelle
gar nicht. Wo jenes hingegen möglich ist, da
wird es gerade zur Beförderung des rechten Ver-

ständnisses der Bibel sehr heilsam seyn, öfters
solche Stellen herauszuheben.

18.

Der andere Hauptzweig des evangelischen
Lehr-Amtes ist der katechetische Religions-Unterricht.

Bey diesem Theile seiner Amtsführung muß
der Geistliche um so mehr mit strenger Gewissen-
haftigkeit und Berufstreue verfahren, als er weniger als seine Predigten einer öffentlichen Beurtheilung unterworfen ist, und der Träge daher
hier um so sicherer sich der Oberflächlichkeit und
dem Schlendrian überlassen kann. Der Mann
aber, der seinen Beruf vom Herrn hat, und
dem er deshalb am Herzen liegt, weiß, daß hier
eigentlich das Feld für die fruchtbarste Wirksamkeit, und daß er darauf ganz besonders zur Arbeit angewiesen ist. Es gilt die Bildung einer
neuen Generation, eines Geschlechts, das, bey
weiser Benutzung der Verirrungen des gegen-

wärtigen, durch die liebende Leitung des Geistlichen, vor vielem Schlimmen bewahrt, und rein
und unbefangen zur Ergreifung so vieles versäum-
ten Guten geführt werden kann.

Wenn bey der Predigt viel guter Saame
auf ungewisses Land fällt, wo er zum Theil gar
nicht aufgeht, zum Theil durch die Trockenheit
des vom Athem der Weltluft ausgedörrten Bo-
dens, oder durch des Lasters üppig wucherndes
Unkraut, oder durch den Mangel an Pflege, die
Noth, Armuth und Druck von außen ihm
entzieht, nicht zur Blüthe und Reife kommt:
so ist hier der Geistliche gewissermaßen in einem
begrenzten Gärtchen, wo er sorgfältiger das Land
bereiten, auf den ausgestreuten Saamen achten,
jedem einzelnen Pflänzchen eine besondere Pflege
widmen kann. Hier richtet er sich an jedes einzelne Kind, nach seinem besondern Bedürfniß,
nach seiner Anlage, seiner Richtung, seinen Verhältnissen und seinen Neigungen. Das kindliche
Gemüth ist ja allein geschickt, sich einem Eindruck
ganz hinzugeben, den das höhere Alter immer

nur getheilt empfängt. Wenn daher auch die
gute Wirkung seiner Predigt selten im Einzelnen
sichtbar wird, so hat er dagegen hier die Freude,
recht wie ein guter Gärtner, am täglichen Wachs-
thum seiner Pflanzen von Herzen sich zu laben.

Aber am Herzen muß ihm die Jugend liegen. Er muß ganz die Größe und Herrlichkeit
seines Berufes fühlen, die ihm anvertraute Jugend zu Kindern Gottes, zu wahrhaften Gliedern
des Reiches Christi zu bilden. O, wie muß der
Mann von religiösem Sinn in diesem Berufe
sich gehoben fühlen! Die Hauptbedingung seiner
Wirksamkeit ist aber eben auch gerade die religiöse Stimmung. Aus ihr wird der Ernst und
die innigste angelegentlichste Sorge für die Jugend hervorgehen, die das nicht ganz rohe Gemüth des Kindes schon allein zur empfänglichen
Aufmerksamkeit und zum Gehorsam stimmt. Das
Kind muß innerlich gewiß seyn, daß sein Wohl
dem Lehrer über alles wichtig ist. Der Ernst und
die Würde, mit der er die Gegenstände des Un-
terrichts behandelt, müssen das Kind in eine

feyerliche Stimmung versetzen. Die Liebe muß
überall ihre erwärmenden Strahlen hinverbreiten.
So wird, abgesehen von dem erhaltenen Unterricht, das Kind eine Erinnerung an das Paradies der Jugend behalten, die durch sein ganzes
Leben, wie in der Jugend als goldne Morgen-
dämmerung, so im Mittag des Lebens als leuch-
tende Sonne, und endlich als glänzender Abend-
stern ihm leuchtet, in dem sich schon der Mor-
genstern eines neuen herrlichen Tages offen-
bahrt.

Der Religions-Unterricht der Jugend muß
eigentlich zweyfacher Art seyn, mit biblischer Geschichte beginnen, und in einem zusammenhängen-
den Unterricht über die Wahrheiten des Christenthums schließen. Auf eine gewiß sehr nutzbare
Weise wird sich damit der Vorschlag eines würdigen Gelehrten *) verbinden lassen, einzelne
Bücher des alten und neuen Testaments mit der

*) S. Heidelb. Jahrb. d. Lit. 1813. S. 1219.

Jugend zu lesen, und durch eine der Erkenntniß und dem Bedürfniß derselben angemessene Erklärung die darin enthaltenen Religionsbegriffe zu entwickeln. Wie lebendig und fruchtbar müßte dieses werden können, und wie aufmunternd zum künftigen eignen fleißigen und verständigen Bibellesen!

Die Konfirmation sey die eigentliche Feuertaufe. In diesem Akt, der an sich so viel Ergreifendes hat, vereinige sich alles Feyerliche und Erhebende, um einen unauslöschlichen Eindruck in den Gemüthern der Jugend zu bereiten. Auf einem ernsten Scheidewege steht der zum Jüngling heranwachsende Knabe, das zur Jungfrau reifende Mädchen. Hinter ihnen das goldne Jugend = Paradies, das mit seinen namenlosen Freuden, wie ein tausendarmiger Strom immer grüne Wiesenflächen durchzieht, in dem die bunten mit Blumen geschmückten Ufer und der azurne Himmel, wie in einem freundlichen holdseligen Auge, sich spiegeln; vor ihnen das offene Meer des Le-

bens, auf dem nach allen Richtungen lustig die
Schiffe auslaufen, dieses blos um des Lebens
gemeinste Bedürfnisse, ein anderes seine Zierde
und seinen Schmuck aufzusuchen, jenes aber steu=
ernd auf ein unbekanntes Land, des Wissens
Durst und des Herzens sehnendes Verlangen zu
stillen. Alle umgiebt von allen Seiten drohend
die Gefahr; aber, das Auge hinauf nach den
Sternen gerichtet, lenket des Steuermanns Hand
ruhig das Schiff und bringt es zum sicheren Ha=
fen. — Nicht durch weiche Rührungen werde
bey diesem Akte das Gemüth gestört und er=
schlafft, sondern durch freudige Erinnerungen,
ernste Entschließungen und ächt christliche Hoff=
nungen erweckt und gestärkt.

Eine schöne Einrichtung ist es in manchen
Gegenden unsers Vaterlandes, die allgemein zu
werden verdient, daß mit der Konfirmation die
Jugend nicht auf einmal dem nähern Umgang
des Geistlichen entzogen, sondern daß derselbe in
den Sonntagsschulen, wie in der Kinderlehre,

fortgeſetzt wird. Auf dieſe Weiſe begleitet der
Seelſorger den Jüngling und die Jungfrau bis
in das bürgerliche Leben, und in allen kommen=
den Lebens=Verhältniſſen iſt er immer ihr natür=
licher Rather und Tröſter und Freund. Wie
wichtig aber iſt hier beſonders, daß der Geiſtliche
nicht oft ſein Amt wechsle! denn ſonſt iſt ihm
alle dieſe tauſendfältige Gelegenheit zur ſegen=
reichſten Wirkſamkeit entzogen.

19.

Alle übrigen Amtsverrichtungen des Geiſtli=
chen haben entweder den unmittelbaren Zweck
der Erbauung, oder dieſe Erbauung knüpft ſich
doch natürlich daran, und ſie ſollten deswegen ſo
viel als möglich vor verſammelter Gemeinde ge=
ſchehen.

Die Taufe ſey nicht bloß ein äußerliches Zei=
chen der Aufnahme in die chriſtliche Geſellſchaft,

sie sey eine Erinnerung, nicht bloß für die Eltern und Pathen, sondern für die ganze Gemeinde, an die Wohlthaten, deren sie mit der Aufnahme in das Christenthum theilhaftig geworden, eine Erweckung zur thätigen Förderung des Reiches Gottes. Durch den heiligen, mit aller angemessenen, würdigen Feyerlichkeit vollzogenen Akt, muß die ganze Gemeinde zu einer nie ganz verschwindenden Theilnahme an dem Wesen, das mit ihr verbunden worden, gestimmt, und besonders die heilige Bedeutung des Sacraments ihr immer klarer werden.

Die Ehe sey nicht, wie das barbarische Gesetz es wollte, ein Civil-Akt. Sie sey die heilige Weyhe zu einem Bunde, der so alt ist als die Menschheit, und der daher in der heiligen Urkunde als von Gott selbst eingesetzt vorgestellt wird. Wenn dieser Akt vor versammelter Gemeinde geschieht, so wird durch seine würdige Behandlung der Geistliche auf eine unglaubliche Weise für die Reinigkeit der Sitten wirken kön-

nen. Das zeichnet ja den Menschen aus vor den
Thieren des Feldes, daß seine Lust ihn nicht
wild umhertreibt, sondern daß sie durch ein gött=
liches Gesetz gebunden ist. Bey einem Volke
und in einer Gemeinde, wo die Ehe wirklich hei=
lig gehalten wird, da muß auch jede Art von
Unkeuschheit selten seyn; wo sie hingegen blos
als ein bürgerlicher Vertrag angesehen wird, da
ist natürlich die Unzucht aller, die nicht in der
Ehe leben, frey gegeben.

Das Abendmahl werde durch die rechte und
würdige Vorbereitung ein eigentliches Stärkungs=
mahl für die Seele. Im Genuß des wahren
Leibes und des wahren Blutes, d. h. in der
Zueignung des wahren Christus, in seiner
Aufnahme in Geist und Herz und Gemüth,
fühle der Christ zu einem neuen geistigen Leben
sich verjüngt und gestärkt. Zugleich aber sey es
ein Liebesmahl, in der Vereinigung der Brüder
genossen. In seinem Genusse müsse der Geist
der Gemeinschaft in Christo, der Geist der Ei=

nigkeit, der Treue, der Liebe, sich entwickeln,
stärken und lebendig erhalten.

Die Beerdigung geschehe mit Feyerlichkeit,
und nie ohne Begleitung des Geistlichen. Hier
ist das große Thema über die Vergänglichkeit
alles Irdischen mit furchtbarer und Allen leser-
licher Schrift aufgeschlagen. Der irdische Tod
ist der wahre Prediger der Herrlichkeit des göttlichen Lebens. Er schlägt mit siegender Kraft
und allgemein verständlicher Popularität alle
nichtigen Einwürfe des thörigten Verstandes
nieder, und beweiset es allen Sinnen, daß der
Mensch mit all seiner Lust vergehet. Hier muß
der Mensch, will er nicht verzweifeln, seine
Hände nach etwas anderm ausstrecken, das da
bleibet. Diesem wahren Heyden = Bekehrer und
Glaubens = Missionär sollte man nicht, wie es
leider in manchen Ländern geschieht, das Lehren

aus falscher Humanität versagen, indem man,
um nur dem in Fleischeslust dahin Taumelnden
kein Aergerniß zu geben, ganz in aller Stille
und ohne sonderlich Aufhebens davon zu machen,
den Menschen, wie jedes andere Cadaver, ver-
scharrt. Hier, am Grabe, ist ja auch der Geistliche der wahre Tröster: denn wo gäbe es da
einen andern Trost als den des Evangeliums?
Und in welchem andern Verhältniß, als hier,
greift der Mensch so verlangend nach der trö-
stenden Hand?

20.

So bieten alle Berufsgeschäfte des Geistlichen die mannichfaltigsten Veranlassungen zur
Erweckung und Förderung eines wahrhaft christlichen Lebens, eines Lebens in Gott, dar. Er
ist ja der Zeuge des Menschen in den wichtig-

sten Lebensaugenblicken, der Stifter der heilig-
sten Bündnisse. Er steht dem Volke nah, er
allein darf und soll zu ihm reden, unter allen
Verhältnissen, lehrend und ermahnend, liebend
und strafend.

Wie aber eine solche Wirksamkeit überhaupt
nur durch eigne religiöse Gesinnung und un=
unterbrochene eigne Erweckung und Erbauung
möglich ist, so ist sie allein wahrhaft fruchtbar
und dauerhaft durch ein heiliges, religiöses Leben. In seinem Leben muß er das Bild eines
vollkommenen Christen in der Wirklichkeit dar=
stellen. Weisheit und edle Einfalt schmücke sein
Leben, wie das Leben eines Freundes Gottes.
Gerechtigkeit bezeichne seinen Gang. Eine gött=
liche Ruhe walte über seiner Seele, daß seine
Hand, wie in Leid so in Freude, das Richt=
maaß ewiger Ordnung nicht verliere. Vor allem

aber gebe die Heiterkeit des Friedens, der aus
Gott kommt, seinem Leben einen Glanz, der
alles um ihn her leuchtend erwärmt und erwär=
mend erleuchtet.

Und nun, ihr Männer der Kirche, die ihr
den Ruf vom Herrn empfangen habt, bedenket
das Eine noch! Vieles wird in diesen Tagen,
die Gott uns zu erleben gewürdigt, für das
Glück des Volkes vorbereitet und geschafft. Wie
es selbst das eiserne Joch der fremden Knecht=
schaft, die es mit seinen Fürsten gefangen hielt,
zerbrochen hat: so will man jetzt den harten Druck
der Lasten ihm erleichtern und damit seinem
Fleiße die schöne Hoffnung eröffnen, mit der
schwindenden Sorge für des Leibes Nahrung
und Nothdurft auch Zeit und Lust zu gewinnen,
das Heil seiner Seele zu bauen; so will man
durch eine gesetzlich schützende Verfassung des

Volkes frommes Vertrauen belohnen und so al-
lenthalben durch Beförderung eines edeln freyen
Sinnes ein geistigeres Leben vorbereiten. So
schön und herrlich aber auch in so manchen Erscheinungen die Hoffnung einer glücklichern Zeit
uns leuchtet: so gewiß ist es, daß nur allein
die Religion, im Glück wie im Unglück, den
Menschen vor dem Verderben schützt. So ruhm-
voll und glanzend daher auch das Verdienst
manches edeln Mannes ist, der in dieser Zeit
für das Wohl des deutschen Volkes arbeitet:
Ihr führt es doch am sichersten zum
Ziel, wenn Ihr es zu Gott führt.

Vom Verleger zum Pfarrer: Johann Georg Zimmer am Beginn einer neuen Karriere

GUDRUN PERREY

Er war auf dem Weg nach Karlsruhe, damals, im Januar 1811. Johann Georg Zimmer weiß es noch ganz genau, als er vierzig Jahre später seine Erinnerungen schreibt. Allein war er unterwegs, mit der Chaise, in einer geschäftlichen Sache, in seiner Eigenschaft als Teilhaber der Heidelberger Verlagsbuchhandlung *Mohr & Zimmer*. Eine unangenehme Angelegenheit ist es, die ihn erwartet. Eine, die ihn die Last des Buchhändlerberufs spüren läßt. Gerade passiert er in Rohrbach das Haus seines Schwiegervaters, der dort Pfarrer ist. Ein Gedanke blitzt auf: Pfarrer, das wäre auch etwas für ihn. Ein Gedanke, der ihn so tief erfaßt, daß er ihn nicht wieder loswerden kann. Der ihm *wie ein freundlicher Stern erschien, der plötzlich meine Seele erfüllte, die Sorgen zerstreute u. mich mit Lust und Freudigkeit erfüllte.*[1]

Dreieinhalb Jahre später legt Zimmer das Examen in Theologie ab. Seine schriftliche Arbeit erscheint 1815 als kleines Bändchen im eigenen Verlag, bei *Mohr und Zimmer*. Harte Jahre liegen hinter ihm, denn seine berufliche Tätigkeit läuft weiter, schließlich ist er schon Mitte dreißig. Es ist kein leichter Weg. Er muß seine Verpflichtungen als Buchhändler und Verleger einhalten, und zusätzlich beanspruchen ihn Sprachstudien und Vorlesungen. Latein, Hebräisch und Griechisch muß er sich neu erarbeiten, da er nie die weiterführende Schule besucht hat. Wegen einer Hänselei seiner Geschwister hatte er noch am Morgen des ersten Schultags buchstäblich die lateinische Grammatik zu Boden geworfen und mit der Lateinschule den direkten Weg ins Pfarramt aufgegeben.[2]

So nimmt sein Leben zunächst einen anderen Lauf.

---

[1]   Freies Deutsches Hochstift (künftig: FDH) Hs-21560, S. 53.
[2]   Ebd., S. 14.

Stationen auf dem Weg zur eigenen Verlagsbuchhandlung[3]

Aufgewachsen in der Homburger Untermühle, entscheidet sich der Vierzehnjährige 1791 für eine Lehre, eine Ausbildung zum Buchhändler. Ausschlaggebend ist seine Wißbegierde, die er mit Hilfe der Bücher befriedigen möchte. Das Geschäft seines Frankfurter Prinzipals entpuppt sich jedoch eher als Leihbibliothek. Dem jungen Georg bietet sie immerhin reichlich Nahrung für sein ungeheures Lesebedürfnis. Er wird es genossen haben, was er dort alles zu lesen bekam. Aus späterer, reiferer Perspektive fehlte ihm allerdings der erfahrene Ratgeber, der bei einer geeigneten Auswahl hätte helfen können.[4]

Viel gelernt hat Georg nach eigenem Ermessen jedenfalls nicht während seiner fünfjährigen Lehrzeit. Zwanzig Jahre ist er inzwischen und hat seine erste Anstellung als Buchhan-

---

[3]   Diese kleine Studie entstand am Rande einer umfangreichen Biographie des Verlegers J. G. Zimmer, die demnächst erscheinen wird.

[4]   FDH Hs-21560, S. 18f.

delsgehilfe in der Tasche, bei Dieterich in Göttingen. Je näher er auf seiner Wanderung dem Ziel kommt, desto mulmiger wird es ihm zumute, wenn er an seine dürftigen Kenntnisse denkt, in Bücherkunde ebenso wie im Kaufmännischen. Nun kann Zimmer nachbessern, schließlich arbeitet er jetzt in einer renommierten Verlagsbuchhandlung. Doch menschlich ist er mehr als unzufrieden mit der neuen Lebenssituation, die sich erst in seinem dritten Jahr bessert.[5]

Da ist er bereits entschlossen, Dieterich zu verlassen. Er will sich mit einem Bekannten aus Homburg im Buchhandel selbständig machen. Aber der zukünftige Teilhaber erweist sich als unzuverlässig, und das Projekt scheitert, bevor es begonnen hat.[6] So bleibt Zimmer nichts anderes übrig, als sich eine neue Stelle als Gehilfe zu suchen. Im Frühjahr 1800 kann er bei Friedrich Perthes in Hamburg anfangen. Ein Glücksgriff in jeder Hinsicht.

---

[5] Ebd., S. 29ff.

[6] Hermann an Zimmer am 15.01.1800, FDH Hs-19178.

Buchhändlerisch erhält Zimmer den letzten Schliff. Die Kenntnisse des aktuellen Buchmarkts, die er dank seiner Lesefreude erwirbt, ergänzt er durch häufige Besuche des Deutschen Theaters. In seinem letzten Hamburger Jahr kann er sogar zum Theaterkritiker für die *Nordischen Miszellen* avancieren.[7] Dabei profitiert er von dem geselligen Leben im Hause Perthes. Als *leidenschaftlicher Theaterfreund* freut er sich besonders über den mehrtägigen Besuch eines berühmten Schauspielerpaars. Häufiger Gast ist selbstverständlich auch Perthes' Schwiegervater, Matthias Claudius, und schon bald gehört Zimmer mit zum Freundeskreis um den Maler Philipp Otto Runge und dessen Bruder Daniel.[8]

Einen alten Bekannten der Frankfurter Lehrzeit hat er schon in Göttingen wiedergetroffen, seit 1803 ist auch er in Hamburg: Jacob Christian Benjamin Mohr. Ein gutes halbes Jahr nur, dann geht Mohr nach Frankfurt, um die Buchhandlung von August Hermann zu übernehmen, der kurz zuvor gestor-

---

[7] In einer anonymen Artikelserie März-Juni 1805.

[8] FDH Hs-21560, S. 36ff.

ben ist. Wenig später reift die Idee heran, eine Filiale in Heidelberg zu gründen. Dort ist man auf der Suche nach einer akademischen Buchhandlung für die aufblühende Universität. Mohr kann Zimmer gewinnen, die Leitung des geplanten Geschäfts zu übernehmen. Nach langem Hin und Her, denn die finanzielle Basis ist bis zum Ende keineswegs gesichert. Im Frühjahr 1805 schließlich erhalten die beiden zukünftigen Kompagnons den Zuschlag für die Neugründung.[9]

Die akademische Buchhandlung *Mohr und Zimmer*

Mit Dank u. Freude denkt Zimmer noch fast fünfzig Jahre später an die Anfänge, ganz besonders an die freundliche Aufnahme und Unterstützung durch die Professoren. Zu vielen von ihnen sei er sogar rasch in freundschaftlichen Kontakt getreten. Im ersten Jahr noch erweitert er seine Tätigkeit und fügt *der glücklich eröffneten Sortiments-Buchhandlung die*

---

[9]   S. Mohrs Briefe an Zimmer 14.09.1804 -
       23.04.1805, FDH Hs-20952-20960.

Anfänge des Verlagsgeschäftes hinzu.[10] Vordatiert auf 1806 erscheint *Des Knaben Wunderhorn*, herausgegeben von Achim von Arnim und Clemens Brentano. Der Grundstein für seinen Ruf als *Verleger der Heidelberger Romantik.*[11]

Nicht ohne Stolz nimmt der frischgebackene Verleger den Erfolg zur Kenntnis. *So waren wir auf eine gelungene Weise in den Kreiß der Förderer der romantischen Schule eingeführt, die, kaum begonnen, auf geraume Zeit zur Herrschaft in unserer Literatur gelangt war.*[12] In den nächsten Jahren wird er neben den Folgebänden des *Wunderhorns* und Görres' *Deutschen Volksbüchern* satirische Schriften verlegen. Und die werden nicht zuletzt deswegen von sich reden machen, weil sie die Fehde der Heidelberger Romantiker mit ihrem Widersacher, dem Rationalisten und Alt-

---

[10]   FDH Hs-21560, S. 45f.

[11]   Uwe Hentschel: Johann Georg Zimmer – der Verleger der Heidelberger Romantik, in: Leipziger Jahrbuch zur Buchgeschichte 13 (2004), S. 11–38.

[12]   FDH Hs-21560, S. 46.

philologen Johann Heinrich Voß, weiter be-
feuern. 1807 ist das die *Geschichte von BOGS,
dem Uhrmacher* von Brentano und Görres,
1808 dessen *Schriftproben von Peter Hammer*,
und im selben Jahr schließlich bringt Arnim
seine *Zeitung für Einsiedler* heraus.

Da ein Großteil des Lehrkörpers bei *Mohr
und Zimmer* publiziert, ist der Verleger auch
beruflich in ständigem Kontakt zur Profes-
sorenschaft. Ab Ende 1807 werden die Ver-
bindungen noch intensiviert, denn ab Januar des Folgejahres erscheinen die ersten Hef-
te der *Heidelbergischen Jahrbücher*, an deren
Redaktionssitzungen Zimmer regelmäßig teil-
nimmt.[13] Sein Fazit von dieser Anfangszeit:
*Mein Leben in Heidelberg hatte besonders in
den ersten Jahren etwas ungemein frisches
und angenehmes.*[14]

Aber nicht nur der Aufbau seiner Verlagsbuchhandlung wirkt belebend. Hinzu kommen
eine Tischgesellschaft von jungen Leuten, Stu-

---

[13] Alfred Kloß: Die Heidelbergischen Jahrbücher
der Literatur in den Jahren 1808–1816, Leipzig
1916, S. 34.

[14] FDH Hs-21560, S. 46.

denten, Professoren und anderen Alleinste-
henden sowie ein gutbesuchtes Lesekabinett
mit neuesten Ausgaben der gängigen Jour-
nale und sonstigen Neuerscheinungen. Auch
sein Privatleben entwickelt sich besonders be-
glückend: Nachdem die Werbung um Caroline Jung, die Tochter des Erbauungsschrift-
stellers Jung-Stilling, erfolglos verlaufen ist,[15]
heiratet Georg Zimmer im Juli 1807 Marie
Bender, die Tochter des Pfarrers von Rohrbach. Ein gutes Jahr später wird der erste
Sohn geboren.

Doch die Probleme in der Buchhandlung nehmen zu. Da ist einmal die enorme Arbeits-
belastung. Mohr unterstützt ihn von Frankfurt aus bei seinen Unternehmungen und hat,
so Zimmer in seinen Erinnerungen, *an den
Lasten u. Sorgen, die sie uns brachten, seinen Antheil reichlich mit zu tragen.*[16] Die All-
tagsgeschäfte aber lasten allein auf Zimmers
Schultern. Und diese Belastung nimmt so zu,
daß die Freunde beunruhigt sind. *Zimmer be-*

---

[15] Jung-Stilling an Zimmer, Jan.-Apr. 1807, FDH
      Hs-18458.
[16] FDH Hs-21560, S. 46.

*schäftigt hier drei Pressen und acht Setzer,
und mußte doch den Druck der Jahrbücher
wegen überhäufter Arbeit ins Stocken gerathen
lassen,* schreibt Görres Anfang 1808. Er rate
ihm jeden Tag, seine Verlagstätigkeit einzu-
schränken.[17]

Finanzielle Krisenjahre

Die meisten Sorgen aber machen die Finanzen. Je mehr das Geschäft wächst, desto sicht-
barer wird die geringe Tragfähigkeit der Ka-
pitaldecke. Er schwebe zwischen Himmel und
Hölle, schreibt Mohr schon 1806 nach Heidelberg,[18] und ein andermal ist von *entsetzli-
cher Noth* die Rede und daß es fast zum Pro-
zeß gekommen wäre.[19] Mohr ist, darauf lassen
die Briefe schließen, für die Finanzen zustän-
dig. Er tätigt die Anweisungen und stellt die
Wechsel aus. Zimmer unterstützt ihn, schickt

---

[17]   An seine Schwiegermutter in: Marie von Görres
       (Hrsg.): Joseph von Görres. Gesammelte Schrif-
       ten. Bd. 7. Abt. 2, Gesammelte Briefe. Bd. 1,
       Familienbriefe, München 1858, S. 499f.
[18]   18.11.1806, FDH Hs-20961.
[19]   22.09.1807, FDH Hs-20964.

ihm das Bargeld und bereitet die Abrechnungen vor. Aber immer gereizter wird die Stimmung zwischen den beiden Teilhabern. Noch sind es Nadelstiche, wenn Mohr im zweiten Geschäftsjahr dem Kollegen vorwirft, er mache sich in seinem Heidelberger *Elysium* keinen Begriff von seiner *Hölle hier und von den tausend Verlegenheiten.*[20]

Unterdessen bemüht sich auch Zimmer bei mehreren Freunden und Bekannten um weitere Kredite. Schließlich platzt dem Freund aus Frankfurter Tagen, Christian Winter, der Kragen. Er fordert eine Erklärung, stellt Fragen: Warum Georg immer die Schelle einfangen müsse und Mohr nichts tue? Und das, obwohl er doch so viel mehr Vermögen habe als Zimmer und Winter.[21]

Die Nerven liegen immer öfter blank. Ein halbes Jahr später hat Mohr einen Brief von Zimmer zu beantworten. Der habe ihn auf eine entsetzliche Weise zurückgestoßen, beklagt sich Mohr nun, zügellos aufbrausend sei

---

[20] 25.11.1806, FDH Hs-20962.

[21] 04.06.1807, Deutsches Literaturarchiv Marbach (künftig: DLA) HS.2004.0074.00015.

der Brief, voller Bitterkeit und Herabsetzung.
Am Ende fängt er sich wieder. Er schicke den
Brief hiermit wieder zurück und wolle nichts
mehr davon hören.[22]

Im Folgejahr, 1808, werden Mohrs Briefe noch
dramatischer. Vierundzwanzig sind es bis August. Dann brechen sie ab, ohne ersichtlichen
Grund. Aber die aufbewahrten zeugen von
einer schweren finanziellen Dauerkrise. Zimmer bemüht sich gleichzeitig weiter, Geld her-
beizuschaffen. Bei Winter fragt er an,[23] bei
Christoph Gottlob Weidenbach,[24] einem ehemaligen Privatdozenten und Freund, und bei
Christian Adam Fries,[25] dem Krappfabrikan-
ten und Bankier. Alle zeigen sich bereitwillig,
helfen zu überbrücken, können ihm gewisse
Summen leihen. Aber es reicht nicht.

In seiner Not wendet er sich wieder an Winter. Der ist aufs äußerste alarmiert, versucht
zu beruhigen, will jegliche Hilfe zu Zimmers
Rettung aufbieten. Er schlägt vor, Freunde

---

[22]   28.01.1808, FDH Hs-20967.
[23]   Vgl. 10.03.1808, DLA HS.2004.0074.00016.
[24]   FDH Hs-21361-21363.
[25]   FDH Hs-21480.

zu mobilisieren. *Wir haben ja Viele die dann
für dich sich hergeben wenn sie sehen daß Sie
nicht risquiren u. dir geholfen wird.* Das Ziel
also: für ausreichende Liquidität zu sorgen.
Und Winter möchte ausstehende Forderungen abklären, um den Freund beim Eintreiben
zu unterstützen.[26] Am Ende wird die Krise
einigermaßen gemeistert. Doch überwunden
ist sie nicht.

In dieser Situation entscheidet sich Mohr, sein
Geschäft in Frankfurt aufzugeben und nach
Heidelberg umzuziehen, um ganz in die dortige Verlagsbuchhandlung einzusteigen. Die
Gründe bleiben im dunkeln. Seine Briefe le-
gen den Gedanken nahe, Mohr könnte die Absicht verfolgen, alles ganz in die eigene Hand
zu nehmen, weil er Zimmer das Geschäft nicht
länger allein überlassen mag. Doch die Briefe
sind nicht alle erhalten, vor allem aber fehlen
die Gegenbriefe, was eine ausgewogene Beur-
teilung schwierig macht.

Einiges spricht dafür, daß sich bei Mohrs finanziellen Anstrengungen die beiden Geschäf-

---

[26]   26.09.1808, DLA HS.2004.0074.00016.

te vermischen. Und dort, wo er unterscheidet, zeigen sich die Engpässe, mit denen er in seiner Frankfurter Buchhandlung zu kämpfen hat.[27] Seine eigene Bedrängnis mag also auch einige Bedeutung für seine Entscheidung haben.

Tatsache ist, Heidelberg wird der Vorzug gegeben. Der Standort ist Frankfurt also überlegen, in finanzieller Hinsicht oder inhaltlicher, vielleicht sogar beides. Die Geschäfte laufen aus Mohrs Sicht in Heidelberg besser – bei allen Problemen –, und die Arbeit ist wegen der engen Anbindung an die Universität interessanter. Ein *Elysium* eben.[28] In der Tat hat Mohr seine Verlagstätigkeit in Frankfurt vorher bereits fast eingestellt. Zimmer dagegen hat in den vergangenen fünf Jahren mit viel persönlichem Einsatz für den Verlag ein gut funktionierendes Netz von Kontakten zu zahlreichen Autoren und für die *Akademische Buchhandlung* einen festen Kundenstamm aufgebaut.

---

[27]　So z.B. am 01.04. u. 10.06.1808, FDH Hs-20972 u. 20976.

[28]　25.11.1806, FDH Hs-20962.

In der zweiten Hälfte des Jahres 1810 trifft Mohr mit seiner Familie in Heidelberg ein. Nur wenige Monate später faßt sein Kompagnon den gravierenden Entschluß, der sein Leben in eine ganz andere Richtung lenken wird. Sicherlich kein Zufall. Bei einer Bestandsaufnahme seiner Lage am Jahreswechsel 1810/11 mag ihm die Entscheidung leichtgefallen sein.

Entscheidungshilfen

Fortan teilen sich die beiden Kollegen die Arbeit partnerschaftlich. Doch Zimmers Selbstverständnis – und sein ganzes Selbstbewußtsein – basierte bisher auf der Prämisse, unter der die beiden Teilhaber gestartet waren. Vor der Gründung habe man es Mohr zur Pflicht gemacht, das Heidelberger Geschäft ganz Zimmers persönlicher Leitung zu übergeben, erinnert der sich später.[29] Genau das war das entscheidende Argument, mit dem eine Gruppe von Professoren das Kuratelamt überzeugen konnte, den beiden Buchhändlern

---

[29]   FDH Hs-21560, S. 44.

den Zuschlag zu geben.[30] Nach einer internen Verabredung mußte Mohr zwar seine Zustimmung zu wichtigen Entscheidungen geben, ansonsten aber konnte Zimmer als der Verantwortliche frei schalten und walten, wie er wollte.[31]

Das ändert sich jetzt radikal. Erstes sichtbares Zeichen dafür: Zimmer unterschreibt ab sofort nicht mehr ganz persönlich mit seinem Namen, wie für ihn selbstverständlich mit *JG Zimmer*, sondern förmlich mit dem Firmennamen *Mohr und Zimmer*.[32]

Aber noch mehr hat sich verändert: 1811 ist die Zeit der Heidelberger Romantik lange vorbei. Die drei Romantiker Arnim, Brentano und Görres, die für kurze Zeit Heidelberg in

---

[30]   Franz Schneider: Geschichte der Universität Heidelberg im ersten Jahrzehnt nach der Reorganisation durch Karl Friedrich (1803-1813), Heidelberg 1913, S. 155f.

[31]   Vgl. z.B. Staatsbibliothek zu Berlin Preußischer Kulturbesitz, Nachl. 488, Nr. 1074 / B 20, 1-3: Bl. 32.

[32]   Erich Jenisch (Hrsg.): August Wilhelm Schlegels Briefwechsel mit seinen Heidelberger Verlegern, Heidelberg 1922, S. 213f.

Aufregung versetzten, haben die Stadt längst verlassen. Als die *Zeitung für Einsiedler* nach nur wenigen Monaten ihr Erscheinen einstellen muß, nimmt auch Arnim Ende 1808 als letzter der drei seinen Abschied von Heidelberg.

Gern würde Zimmer die eingeschlagene Richtung weiter fortsetzen. *Sie wissen*, schreibt er noch im Sommer 1811 an Brentano, *daß ich fast nichts mit größerer Liebe drucke, als etwas von Ihnen*, über die Kindermärchen seien sie sich ja auch schon einig. Aber die müßten erst einmal zurückgestellt werden, die Lage des Buchhandels sei entsetzlich traurig und ohne Aussicht auf Besserung. Besonders zwei französische Dekrete für den Buchhandel hätten sie zu dem Entschluß gezwungen, nichts Neues zu unternehmen, bis sich etwas geändert habe. Um keinen Preis wolle er das Projekt aufgeben, doch unerwartete Verbindlichkeiten seien hinzugetreten, die Finanzlage bedrückend.[33]

---

[33] 17.07.1811, FDH Hs-12236.

In den nächsten Jahren erscheinen noch wenige Titel der Heidelberger Romantiker aus alter Freundschaft bei *Mohr und Zimmer*. 1809
Brentanos *Goldfaden*, 1810 Görres zweibän-
dige *Mythengeschichte der asiatischen Welt*
und ein weiteres Jahr später das Drama *Halle
und Jerusalem* von Arnim.

Tatsächlich kommt es 1811 zu einem deutli-
chen Einschnitt in der Verlagsstatistik. Zur
Ostermesse erscheinen noch 37 neue Titel bei
Mohr und Zimmer, doch die weiteren Aus-
sichten sind trübe. Michaelis sind es ganze
zwei Titel, und zur folgenden Ostermesse, die
das Hauptgeschäft ausmacht, führt der Meß-
katalog nicht mehr als zwölf Neuerscheinungen auf, fast alle in Kommission. Brentanos
Märchen sind nicht dabei.[34]

Nicht nur die Romantiker haben Heidelberg
den Rücken gekehrt, auch die Universität ist
nicht mehr dieselbe. Einige Professoren sehen
sich nach Veränderungsmöglichkeiten um, im-

---

[34]   Weidmannische Buchhandlung (Hrsg.): Allge-
        meines Verzeichniß der Bücher, welche in der
        Frankfurter und Leipziger Ostermesse des 1811
        Jahres ... Leipzig 1811ff.

merhin Autoren des Verlags und Mitarbeiter der *Heidelbergischen Jahrbücher*, Freunde und Vertraute von Zimmer. Unter ihnen die Theologen Marheineke und de Wette, der Philologe Boeckh und der Naturwissenschaftler Kastner. Die Aufbruchstimmung, die das akademische Leben an der aufblühenden Universität ebenso prägte wie an der neugegründeten Buchhandlung, ist verflogen. *Wir leben hier so nach alter Weise*, schreibt er nach Berlin an Boeckh. Doch feinfühlig registriert er auch, daß sich im Miteinander etwas verändert habe, denn es nehme *immer mehr u. mehr einer vom andern keine Notiz*.[35] Das alles mag Johann Georg Zimmer durch Kopf und Herz gegangen sein, als er im Januar 1811 nach Karlsruhe fährt. Zu dem Geschäftstermin, vorbei am Pfarrhaus von Rohrbach. Es mögen düstere Gedanken gewesen sein. Sie kreisen um die finanziellen Sorgen, die ohnehin schwierigen Zeiten der napoleonischen Fremdherrschaft, die Notwendigkeit,

---

[35] 11.07.1811, UB Heidelberg, Cod. Heid. 384, 10 Heid. Hs. 2131,13.

den Verlag stark zu beschränken, die Einengung auf Kommissionstitel und Bücher mit guten Gewinnaussichten. Und dann noch der Einschnitt in die eigene Handlungsfreiheit.

Aber Zimmer erkennt auch die Chance, die darin liegt, daß sie die Verlagsbuchhandlung jetzt zu zweit betreiben: Die Arbeit ist auf zwei Schultern verteilt, und es ist jederzeit für Vertretung gesorgt. Das schafft völlig neue Spielräume. Raum zum Beispiel für die Frage, was er wirklich will. Was ganz seiner inneren Natur entspricht, schon immer sein eigentliches Anliegen war. Warum nicht Geistlicher werden wie sein Schwiegervater? Jetzt wäre es möglich, ein spätes Studium zu beginnen. Schwierig, aber machbar.

Diese Gedanken trägt Zimmer eine Weile mit sich herum. Keine Menschenseele erfährt davon, auch seine Frau nicht.[36] Doch dann ist die Entscheidung gefallen. Seine Freunde sind nicht im geringsten erstaunt. Sie wissen, wie

---

[36] FDH Hs-21560, S. 53.

sehr ein Theologiestudium seinem innersten
Wesen entspricht.[37]

Zunächst muß er sich ganz auf die Ostermesse
in Leipzig konzentrieren, danach kann er sich
mit Sprachunterricht auf das Studium vorbereiten. Erst nur Latein, dann auch Hebräisch und schließlich noch Griechisch. Ab Beginn des Wintersemesters 1811 hört er Vorlesungen bei den Heidelberger Professoren, die
ihm als Autoren oder aus der Redaktion der
Heidelbergischen Jahrbücher bestens bekannt
sind: Lateinische Stilistik bei Creuzer, Dogmatik bei Daub und Exegese bei Schwarz,
Wilken, Lewald und Paulus.[38]

Und das neben seinem Arbeitsalltag als Buchhändler und seinen Aufgaben als dreifacher
Familienvater. Die Heidelberger kennen ihn in
diesen Jahren, wie er in die Universität geht,

---

[37] Balbier an Zimmer am 29.02.1812, FDH Hs-
18763.

[38] FDH Hs-21560, S. 54f.

die Mappe unter dem Arm und an jeder Hand
ein Töchterchen zur Begleitung.[39]

Im Sommer 1814 ist endlich ein Ende abzu-
sehen. Seinem ehemaligen Prinzipal und seit
langem freundschaftlich verbundenen Kollegen aus Hamburg, Friedrich Perthes, gibt er
in aller Kürze einen tiefen Einblick in seine
Seele. Der Brief strahlt Gelassenheit und Festigkeit aus, und das trotz der Themen. Es
geht wieder einmal um einen finanziellen Eng-
paß, den Tod seiner jüngsten Schwester bei
der Geburt eines Zwillingspärchens und die
Totgeburt einer eigenen Tochter. Dann die
Befreiungskämpfe. Und dennoch: *Über allen
diesen Stürmen und bewegt von den großen
Begebenheiten der Zeit habe ich meine Vorbereitung zum Religionslehrer eifrig fortgesetzt,
und je mehr ich im äußerlichen Studium des
Buchstaben durch eigne u. allgemeine Sorgen
gestört worden bin, desto mehr hat der Geist
sich in all diesem Wechsel vorzubereiten Gelegenheit gefunden.*

---

[39]   Luise Landfermann/Johanna Reimer: Erinne-
        rungen an die Großeltern Winter, als Manuskr.
        gedr., Heidelberg 1894, S. 23.

*In Jahr u. Tag hoffe ich mich zum Examen
stellen zu können u. wenn dem in meinen bür-
gerlichen Verhältnissen kein Hinderniss weiter ist, so werde ich bald der Wirksamkeit leben, die meinem Geiste die angemessenste u.
befriedigendste ist.*[40]

Im Herbst 1814 schloß ich meinen Cursus,
schreibt Zimmer später in seinen Erinnerungen, *nachdem ich drey Jahre unter furchtba-
ren Anstrengungen bey Tag und Nacht gear-
beitet hatte.*[41] Im Oktober bescheinigt Paulus ihm in einem kurzen Empfehlungsschrei-
ben, daß er mit *unausgeseztem, ganz vorzüg-
lichem Fleisse aus unverkennbar grosser Aufmerksamkeit und Neigung zur Sache* mehrere
Vorlesungen gehört habe.[42]

Mit seiner Meldung zum Examen reicht er eine kleine Schrift ein, die äußerst positiv aufgenommen wird. Nicht nur wird sie der Geist-
lichkeit durch Beschluß des Oberkirchenrats
empfohlen, dem Examenskandidaten wird so-

---

[40] 01.05.1814, Staatsarchiv Hamburg 622-1/82, I
      7a, Bl. 66.
[41] FDH Hs-21560, S 55.
[42] 01.10.1814, FDH Hs-18461.

gar die mündliche Prüfung erlassen. Lediglich schriftliche Fragen habe er dem Kirchenrat Wolf in Heidelberg beantworten müssen. Offenbar besteht er mit Bravour, denn er bekommt sogleich ein Pfarramt in Schriesheim zugewiesen. Im Januar 1815 tritt er sein neues Amt an, im April zieht er mit seiner Familie um.[43]

Jetzt ist der Zeitpunkt gekommen, vom Buchhandel Abschied zu nehmen. Zimmer hat vorgesorgt: Sein Freund Christian Winter steht bereit, seinen Part in dem Geschäft zu übernehmen. Bevor es soweit ist, erscheint Zimmers Examensschrift im eigenen Verlag. Zur Ostermesse wird sie unter dem Titel *Die Bestimmung des evangelischen Geistlichen* angekündigt.[44] Eine Art ausführliches Anforderungsprofil für den Beruf des Pfarrers in der Zeit zwischen Aufklärung, Romantik und Restauration. Anonym zwar, doch Freunde er-

---

[43] FDH Hs-21560, S. 55ff.

[44] Weidmannische Buchhandlung (Hrsg.): Allgemeines Verzeichniß der Bücher, welche in der Frankfurter und Leipziger Ostermesse des 1815 Jahres ... Leipzig 1815, S. 19.

kennen den Autor sofort. Denn er bleibt sich ganz und gar treu.

Die Examensschrift: Spiegel langjähriger Überzeugungen

Philipp Konrad Marheineke, der 1811 einem Ruf an die theologische Fakultät der Universität Berlin gefolgt ist, hat jedenfalls keinen Zweifel. Für ihn habe von Anfang an festgestanden, daß die Schrift von Zimmer ist. Und sie habe ihn *lebhaft und erbaulich angesprochen.*[45] Adam Weise – der Kupferstecher, der damals den Titelstich des zweiten *Wunderhorn*-Bandes ausgeführt hat – weiß die Schrift sehr zu schätzen. Auch er erkennt den langjährigen Freund in ihr wieder, sie sei Ausdruck seiner *guten und weisen Gesinnung, wohl deinem Lande, wenn ihr Werth anerkannt wird.*[46] Der ehemalige Heidelberger Theologieprofessor Wilhelm Martin Leberecht de Wette, der ein Jahr vor Marheineke nach Berlin gewechselt ist, schickt ein Dankschreiben mit viel

---

[45]   29.09.1815, FDH Hs-18459.
[46]   16.06.1815, FDH Hs-21401.

Lob und Kommentar zur Sache: Zimmer habe in dem Büchlein Gedanken aufgegriffen, die er genauso in seinem neuesten Buch vorstellen werde, das demnächst erscheine.[47] Besonders habe de Wette die *klare historische Ansicht* gefallen, die Reinheit und Klarheit, ohne *Mysticismus und doch auch keine kalte Kritik.* Sein Fazit: Zimmer habe in die Tat umgesetzt, was er selbst mit seiner Dogmatik eigentlich sagen wolle.[48]

Die *Heidelbergischen Jahrbücher* warten im zweiten Heft des neuen Jahrgangs mit einer Rezension auf. Paulus hat sie übernommen, und er entdeckt Parallelen zu eigenen Anschauungen. Das betrifft vor allem das, was Paulus als das Hauptthema ausmacht, die Gabe zum Prophetischen, *die begeisterte Belehrung*, die den evangelischen Geistlichen auszeichne. Mit seinem *wichtigsten und höchst wichtigen Hauptpunct*, mit der Bedeutung, die

---

[47] W. M. L. de Wette: Über Religion und Theologie. Erläuterungen zu seinem Lehrbuche der Dogmatik, Berlin 1815.

[48] 28.04.1815, UB J. C. Senckenberg Frankfurt a.M., Ms.Ff.J.G.Zimmer A 115.

er der Persönlichkeit zumißt, treffe der Verfasser die *innerste Ueberzeugung* des Rezensenten: Eine Verbesserung der Kirche sei nicht möglich *ohne (innerlich) würdige Geistliche.*[49] Friedrich Christian Heinrich Schwarz, der Heidelberger Theologe und Pädagoge, kommt zu spät mit seiner Rezension, Paulus hat seine bereits eingereicht. Die Redaktion nimmt aber seine Anmerkungen als Ergänzung auf. Darin freut Schwarz sich über den Gesinnungsgenossen, der wie er selbst *das Geschwätz ungeistlicher und selbstgefälliger Redekunst* rüge. Aber er wirft auch einen kritischen Blick auf das Büchlein und bemängelt, daß der Verfasser noch weit entfernt sei von dem reiferen Urteil des Mannes, der über praktische Erfahrungen verfügt. Die Verbindung des Idealen mit dem Realen sei noch nicht genug durchgearbeitet. Schwarz gibt zu, über den Autor zu rätseln, erahnt aber einen Examenskandi-

---

[49] Heinrich Eberhard Gottlob Paulus: [Rezension: Johann Georg Zimmer]: Die Bestimmung des evangelischen Geistlichen, in: Heidelbergische Jahrbücher der Litteratur 8 (1815), S. 26–28, hier S. 27f.

daten. Und er wünscht sich, *daß alle Geistliche so geistlich seyen, und ihre Bestimmung so hoch würdigen* wie der Verfasser.[50]

Die Bestimmung des evangelischen Geistlichen

Soweit die Stellungnahmen aus Zimmers Umfeld. Damit sind die Hauptanliegen der kleinen Schrift umrissen. Tatsächlich nimmt der historische Überblick großen Raum ein. Immerhin die Hälfte der Kapitel und knapp ein Drittel des Textumfangs. Der Bogen ist weit gespannt. Vom Ur-Bedürfnis der Völker nach Religion über das Judentum bis zur Entstehung des christlichen Glaubens und weiter über die Reformation bis zur Aufklärung. Dabei entdeckt der Autor Berührungspunkte: So habe die Reformation versucht, die Gläubigen wieder dem ursprünglichen Christentum näherzubringen, indem sie *einzig auf den Glau-*

---

[50] Friedrich Heinrich Christian Schwarz: [Rezension: Johann Georg Zimmer]: Die Bestimmung des evangelischen Geistlichen, in: Heidelbergische Jahrbücher der Litteratur 8 (1815), S. 29–30.

ben oder die Erhebung der Gesinnung zu Gott
gedrängt habe.[51]
Die Gegenüberstellung der beiden christlichen
Kirchen, der katholischen und der evangelischen, führt Zimmer zu einem Randthema.
Das beschäftigt ihn so sehr, daß er ihm eine lange Anmerkung widmet. Es geht um die
Frage, wie groß die Kluft zwischen den beiden Glaubensrichtungen ist und ob sich eine
Vereinigung bewerkstelligen ließe. Der einzige
Weg, lautet seine Antwort, liege in der *Rück-*
kehr zur Lehre und Verfassung des Urchris-
tenthums, im Grundgedanken der Reformation also.[52]
Das Thema der Kirchenvereinigung wird Zimmer noch weiter begleiten. Dann wird es aber
um die beiden evangelischen Gemeinden gehen, die lutherische und die reformierte. Der
Briefwechsel mit Freunden zeugt von den glei-

---

[51] Johann Georg Zimmer: Die Bestimmung des
evangelischen Geistlichen, Heidelberg 1815, S.
14.
[52] Ebd., S. 15ff.

chen Bestrebungen an verschiedenen Orten.[53]
Weihnachten 1822 kann Zimmer als Pfarrer
das Wiedervereinigsfest der beiden evangelischen Konfessionen in Worms feiern, an einem
der wichtigsten Schauplätzen der Reformation. Zwei seiner Predigten zu diesem Anlaß
wird er im Jahr darauf drucken lassen.[54]
Am Ende des geschichtlichen Abrisses steht
eine Kritik an der Aufklärung. In der Zeit
weltlicher Vernunft sei die göttliche Stimme
im Geistlichen verstummt, so Zimmers Ein-
schätzung. Und mit Gott sei fast alle geistliche Wirksamkeit verloren gegangen.[55]
Dies ist der Ausgangspunkt für das eigentliche Anliegen der kleinen Schrift. In den nächsten vier Kapiteln, die nur wenig kürzer sind
als der historische Abschnitt, geht es um die
Einstellung des Geistlichen zu seinem Beruf.

---

[53]   Briefe von Ludwig Christian Kehr, FDH Hs-
       20830, und Wallot, FDH Hs-21352-53.
[54]   Johann Georg Zimmer: Zwei Predigten bei Gele-
       genheit der Vereinigung der beiden evangelischen
       Gemeinden in Worms gehalten von Johann Ge-
       org Zimmer, Worms 1823.
[55]   Ders.: Die Bestimmung des evangelischen Geist-
       lichen (wie Anm. 51), S. 21.

Der könne nur als Berufung ausgeübt werden. Und das im wahrsten Sinn des Wortes, denn ein Pfarrer müsse dem Ruf, dem Wort Gottes, folgen und sein Leben freudig in dessen Dienst stellen.[56]

Die Aufgaben, die es zu erfüllen gilt, nehmen den größten Teil der Examensschrift ein. Fast die Hälfte des Textes widmet Zimmer der konkreten Ausgestaltung des Pfarrberufs. Seine Themen: Predigt und Religionsunterricht mit Konfirmation sowie die Amtshandlungen Taufe, Eheschließung, Abendmahl und Beerdigung. Er nimmt den roten Faden wieder auf, indem er dafür plädiert, daß der Prediger *die Idee der Gottheit zu gestalten sucht und sie zuletzt in der Vereinigung des Höchsten, was der Mensch zu denken vermag, vollendet.* Denn es sei der Wunsch des Menschen, *über sein Verhältniß zu Gott sich aufzuklären.*[57] Die Sprache der Predigt sollte sich deshalb so eng wie möglich an die Bibel anlehnen, an das Wort Gottes. Dann könne der

---

[56] Ebd., S. 23f.
[57] Ebd., S. 38f.

Pfarrer sicher sein, klar, lebendig und ver-
ständlich zu reden.[58]

Vermittlung des Guten und Wahren

Diese Forderungen gelten auch für Zimmer
selbst, denn schon immer hat er hohe moralische Ansprüche an sich gestellt. Da ist zunächst die Gabe zur begeisterten Belehrung,
eine weise Gesinnung und innere Würde. Oder
mit seinen eigenen Worten, die Prophetengabe dessen, der durchdrungen ist *von der
göttlichen Wahrheit, aus begeistertem Herzen
dem Volke das ewige Wort verkündigt,* der das
Bewußtsein von Gott im Menschen entwickelt,
erwärmt und belebt. Das hänge ganz von der
Persönlichkeit ab, *eben weil die Form nichts,
sondern alles nur der Geist wirket.*[59]
Durch einige dieser Qualitäten hat Zimmer
sich bereits in früher Jugend ausgezeichnet.
Ein Freund aus Frankfurter Tagen erinnert
sich an die Zeit, als Zimmer einen Freund-

---

[58]   Zimmer: Die Bestimmung des evangelischen
        Geistlichen (wie Anm. 51), S. 43.
[59]   Ebd., S. 18f.

schaftsbund begründet hatte, einen *moralischen Lehrverein.* Es sei damals schon sein eif-
riges Bemühen gewesen, mit Hilfe einer Auswahl an religiöser Lektüre auf seine *zum Theil
vom wilden Jugendfeuer ergriffenen Kamera-
den* einzuwirken.[60]

Ganz besonders intensiv bemüht er sich um
das Wohl seiner Schwester Eva. Von Anfang
an war sie Gesprächsthema zwischen Georg
und seinem Freund Christian Winter, der es
zunächst zu seinem Anliegen machte, sie zum
Guten zu führen, *zur Wahrheit zu leiten.* Das
allerdings mit Hintergedanken, ist er doch auf
der Suche nach einer ihm ebenbürtigen Braut.
Aber der gewünschte Erfolg bleibt aus, so daß
er sich schließlich für eine andere Frau entscheidet.[61]

Georg muß nun erst einmal die Schwester trösten und kümmert sich dann weiter um ihr mo-
ralisches Wohlergehen. Sein Notizbuch, in das
er zu Beginn seiner Hamburger Tätigkeit *den*

---

[60]   Klemm an Zimmer am 01.10.1833, FDH Hs-
       20845.
[61]   Winter an Zimmer am 31.03.1800, DLA
       HS.2004.0074.00008.

Überfluß des jungen Lebens niederlegt,[62] enthält auch die Gedanken, die er Eva ans Herz legt, mit denen er sie zu fördern sucht. Es geht um Wahrheit, Tugend und Eitelkeit, das Gute, den Weg dorthin und die Umsetzung des Guten durch Handeln.

Doch er spürt, daß er an Grenzen stößt. *Wir haben sie aus ihrem beschränkten Ideen-Kreise in einen weitren hinauf gehoben,* schreibt er an Winters Schwester Johanna und trägt auch das in sein Notizbuch ein. Doch sie finde keine Heimat und keine Ruhe, *und die Leiter ist abgebrochen auf der sie hinaufstieg und sie kann nicht wieder zurück.*[63] Schließlich kommt Eva nach Hamburg, und ihr Bruder vermittelt ihr mit Hilfe von Perthes' Frau Caroline eine Stelle als Haushälterin bei der Pädagogin Caroline Rudolphi.[64] Neben der Existenzsicherung erwartet sie hier professionelle Unterstützung. Sie bleibt in seiner Nähe, so daß er jederzeit helfend eingreifen kann.

---

[62] FDH Hs-21561 S. 11.
[63] FDH Hs-21561 S. 18.
[64] FDH Hs-21560, S. 39.

Einfältig demütiger Glaube

Etwas anderes fehlte ihm in all den Jahren, es war ihm schon in seiner Jugend verloren gegangen: der kindlich-fromme Sinn in Glaubensfragen. *Als ich das väterliche Haus verlies,* so Zimmer in seinen Erinnerungen am Lebensende, *da stand dieser Glaube fest, es war nie der geringste Zweifel an irgend einer biblischen Wahrheit in meine Seele gekommen, das Wort Gottes, das ich schon frühe mit großer Freude las, so wie das Bekenntnis des Christentums, das ich in meinem Confirmationsunterricht kennengelernt hatte, galt mir als unantastbare Gewißheit.* In Frankfurt dann sei es nach und nach anders geworden. Im Hause seines Prinzipals Zeßler habe das Evangelium keine Rolle gespielt, und die Leihbibliothek habe er nicht zu nutzen verstanden.[65] In Erinnerung daran wird er später in seiner Examensschrift die *schlechtesten Lese-*

---

[65] FDH Hs-21560, S. 24.

bibliotheken als verwerflich geißeln, in denen so mancher Geistliche Zuflucht suche.[66]

Das Schlimmste aber sei damals gewesen, *daß selbst die Kirche, die ich besuchte, nicht geeignet war, meinen Glauben zu nähren u. zu stärken, sondern vielmehr zu erschüttern.* Dafür macht er vor allem Hufnagel verantwortlich. Wilhelm Friedrich Hufnagel, der kurz zuvor als Theologe nach Frankfurt gekommen war, ein vehementer Vertreter der Aufklärung, der in der Katharinenkirche *die neue Weisheit verkündigte, die alle Welt zu bezaubern anfing. ... Mein religiöses Gemüth sträubte sich zwar gegen die neue Lehre, die mir eine theure Wahrheit nach der andern zweifelhaft machen wollte.* Dabei habe er sein ernstliches, inniges Interesse an den Wahrheiten des Evangeliums nie verloren. Aber sein *einfältiger demüthiger Glaube war dahin.*[67]

Viele Jahre hat Zimmer gebraucht, um zu diesem Glauben zurückzufinden. Das Notizbuch der Jahre 1800–1801 bezeugt den Einfluß, den

---

[66]　Zimmer: Die Bestimmung des evangelischen Geistlichen (wie Anm. 51), S. 29.
[67]　FDH Hs-21560, S. 24f.

Matthias Claudius dabei auf ihn hatte, sicherlich auch durch persönliche Begegnungen der beiden im Hause Perthes. Der Gedanke, daß es in der Philosophie und Moral eine Sprache gebe, die jeder versteht, wenn man nur aus den Menschen heraus spreche, ihnen aufschreibt, was sie denken, hat den jungen Georg schon damals fasziniert. Claudius ist ihm so wichtig, daß er als einziger in der Examensschrift namentlich genannt wird. Dessen Sentenz, die Zimmer schon so viele Jahre vertraut ist, wird fast wörtlich übernommen.[68]

Zimmer spricht eigene Erfahrung aus, wenn er in dem Büchlein scharf verurteilt, daß man sich der göttlichen Weisheit entwöhnt habe, *weil man mit weltlicher Klugheit in der weltklugen Zeit besser auszukommen glaubte*, und jetzt mit Pastoral-Weisheit Ersatz zu schaffen suche.[69] Und auf die Frage, wie gepredigt werden solle, antwortet Zimmer ganz in diesem Sinne: *Hier vermag der Glaube alles;*

---

[68] FDH Hs-21561, S.27; Zimmer: Die Bestimmung des evangelischen Geistlichen (wie Anm. 51), S. 42.

[69] Ebd., S. 20f.

nichts die Kunst und die Klugheit.[70] Es sei dieser kindlich-fromme Glaube vonnöten, gepaart mit ernstem und klarem Sinn, um heilige Wahrheiten zu suchen und aussprechen zu können.[71]

Religion und Tagespolitik

Zur daran anknüpfenden Frage, was gepredigt werden solle, zur Wahl des Gegenstands der Predigt, äußert sich Zimmer in den letzten beiden Kapiteln seiner Schrift. Ganz pragmatisch: Was den Pfarrer selbst oder die Gemeinde gerade am meisten innerlich beschäftige, denn dadurch werde die Vorbereitung an Gründlichkeit und der Vortrag an Wärme und Wahrhaftigkeit gewinnen. Der Autor verweist auf die Predigten zu den *großen Begebenheiten unsrer Tage*, die in diesen Monaten zuhauf gedruckt erscheinen und oftmals, so Zimmer weiter, sowohl die Religiosität als auch die Vaterlandsliebe förderten. Aber er

---

[70] Zimmer: Die Bestimmung des evangelischen Geistlichen (wie Anm. 51), S. 40.
[71] Ebd., S. 33.

betont, daß es dabei nicht um irdische Hoffnungen gehe, sondern die Unsicherheit und Unzulänglichkeit des Irdischen vor Augen stellen solle.[72]

Gerade in diesen Jahren des Widerstands gegen die französische Besatzung, in der Zeit des aufkeimenden Nationalismus, bietet sich reichlich Stoff für aktuelle Bezüge, und er diskutiert sie mit Freunden. Er zieht sogar Konsequenzen daraus, zwar nicht persönlich, aber unterstützend. Mit seinem Geschäftspartner rüstet er seinen langjährigen Gehilfen Bethmann aus, um ihn als Freiwilligen zur Armee zu schicken.[73]

Perthes ist in dieser Hinsicht einer der engagiertesten Gesprächspartner, nimmt er doch aktiv an den Befreiungskämpfen im Norden teil. Gerade hat er einen detaillierten Bericht über die dortige Lage geschickt. Im Mai 1814 antwortet ihm Zimmer, der Bericht habe ihn erschüttert und gerührt. Nur eins könne ihn bei all seiner innigen Verbundenheit trösten:

---

[72] Ebd., S. 44f.
[73] Heinrich W. B. Zimmer: Johann Georg Zimmer und die Romantiker, Frankfurt a.M. 1888, S. 322.

[W]er mit festem Herzen und sicherm Vertrauen unter allen Umständen das thut, was ihm von Gott geheißen, der hat bey allem Verlust unendlichen Gewinn und dem wird das härteste Leiden zum Seegen und zur Freude. ... Viel <u>öffentliches</u> Gute muß dennoch aus dem göttlichen Samen entstehen, der in so manches <u>einzelne</u> Herz gefallen ist und wurzelt.[74] Ein Gedanke, der das Zeug hat, ganz im Sinne der Examensschrift zur Predigt ausgebaut zu werden.

Im Einklang damit wird er ein Jahr später zu einem hochaktuellen tagespolitischen Ereignis predigen, zum Tag von Belle-Alliance, der Schlacht von Waterloo am 18. Juni 1815, die das Ende des Französischen Kaiserreichs besiegelt. Zimmer läßt die Predigt drucken, sein letztes Werk im eigenen Verlag. Der patriotisch gefärbte Titel: *Wie wir des Sieges uns freuen dürfen, der vom Herrn kommt.*[75]

---

[74]   01.05.1814, Staatsarchiv Hamburg, 622-1/82, I 7a, Bl. 65.

[75]   Johann Georg Zimmer: Wie wir des Sieges uns freuen dürfen, der vom Herrn kommt. Predigt über Psalm 114, 15.16 ... Heidelberg 1815.

Doch da ist Zimmer schon Pfarrer in Schriesheim.

Im neuen Beruf

Denn nun geht alles ganz schnell. Zum Jahresende 1814 wird die Inventur von *Mohr und Zimmer* abgeschlossen. Die Bücherbestände sind aufgelistet, Bilanz und Liquiditätskonto sind erstellt.[76] Winter kann nach und nach Zimmers Part übernehmen. Ab Januar tritt der seine neue Stelle an, pendelt aber bis April noch zwischen Schriesheim und Heidelberg, denn er nimmt weiterhin Aufgaben im Verlag wahr. Ein paar Monate später wird das gemeinsam unterzeichnete Zirkular verschickt, das alle Geschäftspartner über die Veränderung informiert. Der Verlag firmiert fortan unter *Mohr und Winter*, und Zimmers Unterschrift erlischt.[77] Die Ära der *Akademischen Buchhandlung Mohr und Zimmer* ist vorbei. Im Sommer läßt der frischgebackene Pfarrer seine Predigt drucken. Für zwölf Kreuzer kann

---

[76] UB Heidelberg, Heid.Hs. 2629.

[77] Deutsches Buch- und Schriftmuseum der Deutschen Nationalbibliothek, Bö-GR/M/939.

man sie erwerben. Der Autor bittet im Vor-
wort darum, etwas mehr zu zahlen, der Erlös
fließe in den Bau eines Schulhauses. Er spannt
Freunde und Bekannte ein, für den Verkauf zu
werben. Mit geringem Erfolg, denn die Zeiten
sind schlecht, und die Not ist überall groß.[78]
Unterschiedlich ist die Reaktion der Fürsten-
häuser, an die er sich wendet: Der Großher-
zog von Baden spendet hundert Gulden,[79] der
preußische König, Friedrich Wilhelm III., nur
einen knappen, aber persönlichen Dank.[80]
Trotzdem sammelt der neue Pfarrer genügend
Geld ein. Das Schulhaus wird gebaut – gerade noch rechtzeitig für Zimmer, damit er es
selbst einweihen kann. Denn nach gut einem
Jahr verläßt er 1816 seine Gemeinde schon
wieder, um auf eine Pfarrstelle in Worms zu
wechseln. Ein klarer Widerspruch zu seiner
Examensschrift. Dort hat er noch vehement
gefordert, ein Geistlicher dürfe sein Amt nicht

---

[78]   Marheineke an Zimmer am 29.09.1815, FDH Hs-
      18459.
[79]   Mit Schreiben des Großherzoglichen Kabinetts
      vom 08.11.1815, FDH Hs-21468.
[80]   26.07.1815, FDH Hs-18475.

um einiger hundert Gulden willen nach kurzer Zeit wieder aufgeben. Das sei die *Hauptursache des kirchlichen Verfalls*, denn *wie könnte der ein solches herrliches Werk, eine solche Erndte der edelsten Saaten verlassen und aufgeben?*[81]

Die Diskrepanz zwischen Theorie und eigenem Verhalten steht ihm noch vor Augen, wenn er als Siebzigjähriger in seinen Erinnerungen die Entscheidung nachträglich rechtfertigt. Seine Gemeinde sei voller Verständnis gewesen, daß *bey der Vermehrung meiner Familie in den so sehr beschränkten Verhältnissen meines Bleibens nicht lange seyn könnte.* Zum Abschied versorgten sie ihn sogar reichlich mit Vorräten, Brot und geräucherten Bratwürsten.[82]

Auch an seinen nächsten Stationen hält es ihn nicht allzu lange: Sieben Jahre bleibt er in Worms, gestaltet dort die Feierlichkeiten zum dreihundertsten Jahrestag der Reformation, zur Gedächtnisfeier des Reichstages von 1521

---

[81]   Zimmer: Die Bestimmung des evangelischen Geistlichen (wie Anm. 51), S. 24f.

[82]   FDH Hs-21560, S. 61.

und im Jahr darauf zur Vereinigung der beiden evangelischen Kirchen, der lutherischen und der reformierten.

1823 tritt er die Stelle eines Dechanten am Marienstift in Lich an. Schon drei Jahre später wird Zimmer von der Stadt Worms als Deputierter zum Landtag nach Darmstadt geschickt. Zwar fühlt er sich durch diesen Auftrag geschmeichelt, aber er lebt dort fernab von seiner Familie, und er kann nicht predigen. Das sei schließlich das einzige, woran er Freude habe.[83]

Als sich nach zehn Monaten, 1827, die Möglichkeit ergibt, nach Frankfurt zur reformierten Gemeinde zu gehen, greift er zu. Dreißig Jahre nachdem Johann Georg Zimmer mit Abschluß der Lehre Frankfurt verlassen hat, kehrt er dorthin zurück. Zunächst ist er zweiter, wenig später erster Pfarrer, und nach zwei Jahren wird er ins Konsistorium aufgenommen. Bis zu seinem Lebensende im Januar 1853 wird er bleiben. Fast sechsundzwanzig Jahre, die längste Zeitspanne seines Lebens.

---

[83] Ebd., S. 67.